河南省科学技术协会科普出版资助·科普中原书系

课本里的科学
植物天地

赵蕾 著

海燕出版社
·郑州·

图书在版编目（CIP）数据

植物天地 / 赵蕾著. — 郑州：海燕出版社，2024.12
（课本里的科学）
ISBN 978-7-5350-9386-8

Ⅰ.①植… Ⅱ.①赵… Ⅲ.①小学语文课 – 教学参考资料
Ⅳ.①G624.203

中国国家版本馆CIP数据核字（2024）第027054号

植物天地
ZHIWU TIANDI

出 版 人：李　勇	责任校对：李培勇
策划编辑：王茂森	责任印制：邢宏洲
责任编辑：王　敏	封面设计：尚世视觉
美术编辑：刘　瑾	版式设计：张伯阳

出版发行　海燕出版社
　　　　　地址　河南自贸试验区郑州片区（郑东）祥盛街27号　邮编：450016
　　　　　网址　www.haiyan.com
　　　　　总编室：0371-63932972　发行部：0371-65734522
经　　销：全国新华书店
印　　刷：郑州市毛庄印刷有限公司
开　　本：787毫米×1092毫米　1/16
印　　张：11
字　　数：200千字
版　　次：2024年12月第1版
印　　次：2024年12月第1次印刷
定　　价：32.00元

如发现印装质量问题，影响阅读，请与我社发行部联系调换。

前　言

　　2018年春天，一次偶然的支教活动，让我萌生了指导并带领大学生开展公益科普讲座的想法。回想2016年习近平总书记提出的"科技创新、科学普及是实现创新发展的两翼，要把科学普及放在与科技创新同等重要的位置"这一指示精神，我感到动力十足。

　　于是，我组织大学生志愿者成立了"手拉手烛光筑梦科普团"。随着团队的不断壮大以及科普活动的持续开展，我欣喜地看到了这项活动的意义：解决了小学生课外科普活动缺乏、孩子们成长需要科学滋养的问题；让更多的小学生体味到科学的乐趣，触摸到科普的温度；同时满足了师范类大学生需要通过开展社会实践活动提升教学能力、深化专业知识的愿望，为他们搭建在实践中增长才干、服务社会、传递爱心的平台，更为他们今后开展科普教育活动打下良好的基础；而且我多年的授课经验也可借此机会一对一地传递给大学生，进一步落实"学高为师，身正为范"的师范教育理念，可谓一举多得。

　　多年来，大学生志愿者的收获、成长以及听讲小学生的热情给了我莫大的鼓舞和力量。为了进一步扩大科普范围，让没有机会听到讲座的孩子也能获益，我决定结合小学语文课本创作科普图书。从最新部编版小学一至六年级的12册小学语文课本中挑选出130多种动物和120多种植物，按照类别融入不同主题的10章动物和10章植物中，并根据相关内容进行拓展和配图，分别组成《动物王国》和《植物天地》分册。

结合语文二年级下册《传统节日》中的春节、元宵节、清明节、端午节、七夕节、中秋节、重阳节，以及语文二年级上册《难忘的泼水节》中的泼水节，加上孩子们的节日六一国际儿童节，还有中国古代大如年的冬至节共10个节日组成《节日时空》分册，并将与每个节日有关的民俗、历史传说以及相关的物候、历法、生物和天文等知识进行了融入与拓展。

为了增强可读性，本书在写作方式上做了一些探索，每个问题通过挖掘前后内容之间的特点和内在联系而巧妙引入，加深了不同动或植物之间的相互比较；图片以动植物旁白的形式，让静止的图片鲜活起来；图注采用总结押韵式的表述方式，提高了可读性、概括性和趣味性，使读者沉浸阅读，印象深刻。另外，课本中古诗词、成语等包含的生物学知识也融入相应的章节，力求将通识教育贯穿其中，让读者感受到中国传统文化的魅力。本书既可作为小学生的知识拓展读物，又可作为小学语文教师的教学参考书。

在阅读本丛书前，需要了解一下生物界分类的基础知识，即七个等级单位从大到小依次是界、门、纲、目、科、属、种。比如，牡丹和芍药均属于植物界，被子植物门，双子叶植物纲，毛茛目，芍药科，芍药属，只是种不同。

本丛书得到海燕出版社的大力支持。"手拉手烛光筑梦科普团"的多位大学生志愿者参与了资料的收集、整编与图片整理工作，其中尹雪娇同学做得最多，从文稿到图片为本丛书做出了重要贡献，高璇、任雅欣等同学也参与了部分工作，在此一并表示感谢。书中的不足之处，敬请读者批评指正。

赵 蕾

2024年6月

目 录

一　植物妈妈有办法　　/ 1

二　六月花神　　/ 11

三　花中四君子　　/ 25

四　十二月花名歌　　/ 33

五　花儿为什么这样香艳　　/ 51

 六　植物也会爬吗　　　　/ 59

 七　长在地里的宝贝　　　/ 73

 八　硕果飘香　　　　　　/ 89

 九　植物与食物　　　　　/ 123

 十　树木的风采　　　　　/ 139

一 植物妈妈有办法

　　大自然的奇妙与智慧总是超出我们的想象，一虫一鸟、一草一木，都充满奇趣。

　　比如，美丽的孔雀会通过开屏来求偶，鸟雀会使用筑巢来保护幼崽，而植物既没有手脚也无法发出声音，它们用什么方法来完成繁衍后代的使命呢？别着急，因为植物妈妈有办法。下面，就让我们一起去拜访几位植物妈妈和它们的"家庭"吧。

蒲公英长什么样？

蒲公英俗称"婆婆丁"，是一种常见的野生植物，具有清热去火的作用，深受人们的喜爱。在野外，如何找到蒲公英呢？

从远处看，蒲公英绿色的叶子托举着细瘦的茎，花茎顶端开一朵看上去有些像小菊花的黄花。花瓣落了，花托上就长出洁白的茸球，这是蒲公英独一无二的外貌特征。走近看，它的叶子呈锯齿状但无刺，叶片较长且贴地，所以又叫"黄花地丁"。叶片颜色也不完全是远处所见的绿色，叶茎底部呈紫红色。

如果将整株蒲公英挖出来，就能看到它棕褐色圆锥状的根了。蒲公英的根含有大量对人体健康有益的物质，晒干后可以入药或泡水喝，是一种很好的保健药材。

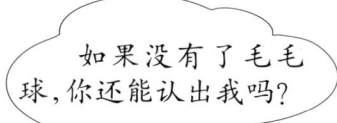

如果没有了毛毛球，你还能认出我吗？

蒲公英

> 蒲公英不仅长得美，还有十八般武艺呢，你想去看看吗？

蒲公英会变魔术？

蒲公英通常在冬末春初开花，开花数量随生长年限而增多。语文三年级上册《金色的草地》告诉我们："蒲公英的花就像我们的手掌，可以张开、合上。花朵张开时，花瓣是金色的，草地也是金色的；花朵合拢时，金色的花瓣被包住了，草地就变成绿色的了。"

蒲公英为什么会有这样昼开夜合的现象呢？这是因为太阳出来的时候，蒲公英的花瓣会缓缓张开以吸引昆虫传粉。夜晚没有阳光，气温又低，为了减少水分和热量散失，蒲公英就把花瓣合拢进入呼吸状态，就像人闭上眼睛睡着了一样，不仅睡姿好看，还好像盖上了绿色的被子。科学家们把植物这种昼开夜合的现象称为"睡眠运动"。可别小瞧这种自我保护的本领，它能让蒲公英更好地适应外界环境的变化。

蒲公英盛开，利于繁衍

蒲公英闭合，利于生存

花开总有花谢时，花谢之后蒲公英就开始考虑如何留下后代了。

蒲公英娃娃的"降落伞"

过一段时间，蒲公英总苞就不再张开，果实开始在紧闭的总苞中成熟。几天后，总苞最后一次张开，我们熟悉的白色小茸球就出现了，这也是蒲公英妈妈为自己众多的孩儿们准备的最轻灵的"降落伞"，这些茸毛不是种子，但可以带着小小的蒲公英种子在风的帮助下飘飞，最终慢慢地降落在某个地方生根发芽。在语文三年级上册第6课课后的阅读链接中，我们认识了金翅雀爱吃的蓟类植物的种子，它也是靠冠毛随风力传播的。

白色"小伞"风中飞

风儿帮助了蒲公英，却没办法给苍耳帮忙，这是为什么呢？

苍耳长什么样？

苍耳是一种常见的一年生草本植物，它拥有直立健壮的茎秆，肥大呈心形的叶片，边缘有不规则的锯齿，看上去与杨树的叶子很像，但叶柄较粗，摸上去也有些粗糙。

苍耳的果实叫苍耳子，外皮上长着许多有倒钩的尖刺，就像在茎秆上睡懒觉的"小刺猬"。当有小动物从旁边经过时，苍耳子就悄悄地粘在小动物的皮毛上，坐着免费的"车"四处周游，到远方安家落户。

小小苍耳遍地生

苍耳耐干旱贫瘠，对环境适应能力很强，一旦生长起来便不易清除。来年一开春，田野里那一片片的苍耳新苗，又在向大自然展示着苍耳家族那顽强的生命力。

苍耳是好还是坏？

苍耳是菊科植物，想不到吧，它居然与美丽的菊花是远房亲戚。

外有钩刺内有毒，天生我材必有用。

苍耳在幼苗期时，叶子是有毒的。长大之后，毒素又集中在种子上了。这种毒素会损害人的内脏，甚至能将人毒死，但利用苍耳子泡的水可防治蚜虫呢。

苍耳刺球有功过

苍耳子是一味中药，药用前需炮制去毒，且严格控制剂量。目前临床上主要用于治疗鼻炎和鼻窦炎。它还可用来榨油或制作优质的油漆。用苍耳的茎皮制成的纤维可做麻绳和麻袋，人们还借鉴苍耳子的智慧制作了尼龙搭扣。

没想到吧，我的发明竟然与苍耳子有关。

尼龙搭扣巧仿生

虽然苍耳有不少用处，但它与浑身是宝、能自力更生传播种子的豌豆相比，还是要逊色不少。

《植物大战僵尸》中为何选豌豆作为射手？

> 我的种子像子弹，是被豆荚上的"扳机"弹出去的。

起源于地中海沿岸的豌豆来到中国后，因其翠绿的外表和清爽微甜的口感而备受人们的喜爱。它全身是宝，营养丰富，豌豆苗、嫩豆荚、青豆都很好吃。

豌豆靠什么方式传播种子呢？如果你学过语文四年级上册里安徒生的《一个豆荚里的五粒豆》这篇童话，就知道豌豆有强大的弹射力。这是因为豆荚内有一层斜向排列的纤维，当果实成熟干燥后，纤维就会收缩变短，当收缩力超过了豆荚连接处的力量时，豆荚就会破裂，种子也就被弹射出去了。所以，豌豆传播种子的方式主要是靠自身弹射。

五月豌豆咧嘴笑

有些植物妈妈也向豌豆学习，自己想办法传播种子，但它们多少都有些"小脾气"。

为什么这类植物"碰不得"?

凤仙花是一年生草本植物,花朵色彩丰富,有白色、粉红色、紫色等,单瓣或重瓣,非常美丽。它还能用来染指甲,因此得名指甲花。

凤仙花的果实呈绿色纺锤形,密被柔毛,叫作蒴果。果实成熟后如果用手指轻轻一碰,它就会立刻裂开,种子就飞了出去,难怪凤仙花的中药名就叫"急性子"呢,它也是靠弹射来传播种子的。

凤仙花开,形似蝴蝶

妈妈给我力量去奔向远方!

果实弹射,种子传播

植物妈妈们真是既聪明又能干,繁衍后代的方法更是"八仙过海,各显神通"。

植物种子竟然还有漂流的绝技？

有些植物既没有轻巧的"降落伞"，不能借助风力，也没有诱人的气味和颜色，无法吸引小动物，更没有倒钩形的小刺和弹射能力，但由于它们自幼与水相伴，竟习得了一身漂流的本领，比如莲花、椰子等。

它们的种子有一个共同特征，就是外面包裹着一层海绵状结构，就像套着"救生圈"一样，能够漂浮于水面，随波逐流，四处游荡，当找到适合生长的地方，它们就会把自己沉入水底或埋在泥沙中，生根发芽，慢慢长大。

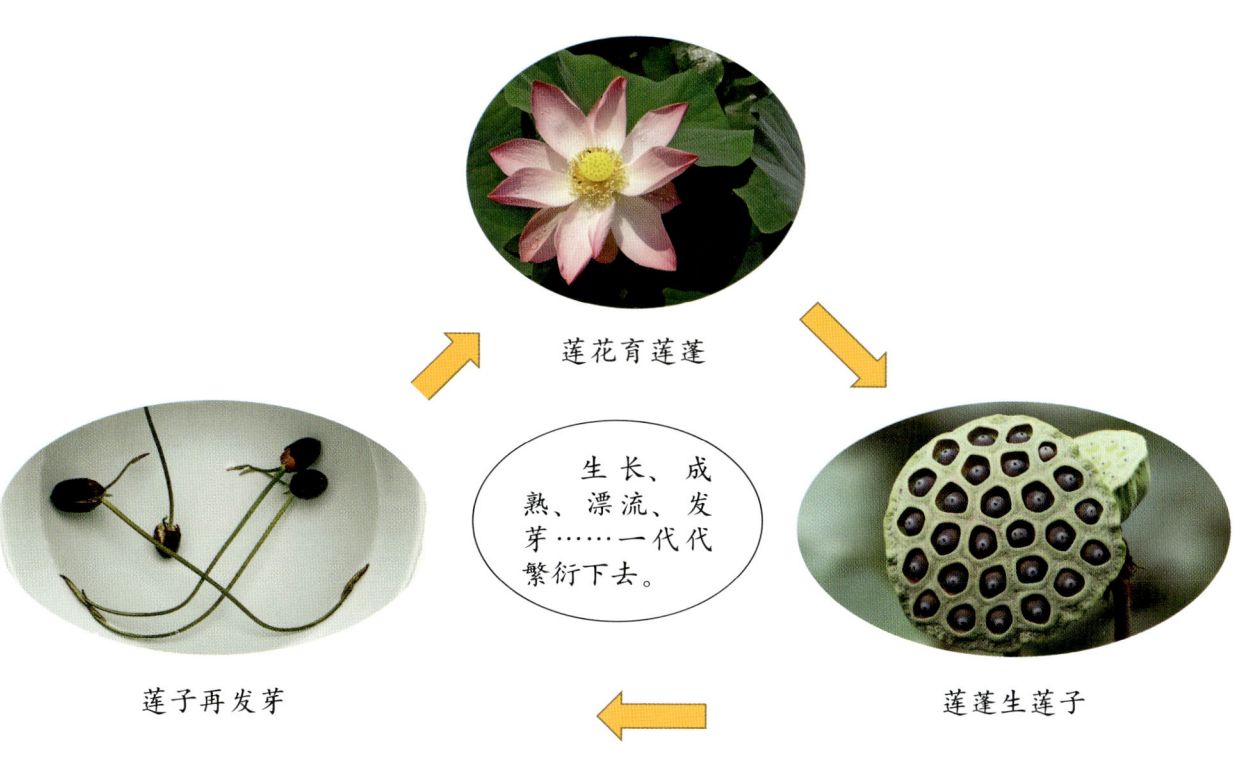

莲花育莲蓬

莲蓬生莲子

莲子再发芽

生长、成熟、漂流、发芽……一代代繁衍下去。

水生莲花，水中长大

✏ 结语

　　植物妈妈传播种子是为了生命的传承和延续,即便自己无法移动,也不惜一切代价巧妙地利用自然环境中的资源,如风的力量、动物的帮助、自我弹射、水的传播等将自己的后代传播到更远的地方。我们要学习植物妈妈的这种坚韧和智慧,勇于面对各种不同生存环境带来的困难和挑战,努力走出一条适合自己的发展道路。

二　六月花神

"泉眼无声惜细流，树阴照水爱晴柔。小荷才露尖尖角，早有蜻蜓立上头。"语文一年级下册杨万里的这首《小池》描绘了初夏时节嫩嫩的荷叶才刚刚露出尖尖叶角的情景。"荷尽已无擎雨盖，菊残犹有傲霜枝。一年好景君须记，正是橙黄橘绿时。"语文三年级上册苏轼的《赠刘景文》描写的是在橙子金黄、橘子青绿的秋末冬初时节，荷花已经凋谢了，那擎雨的荷叶也枯萎了。这说明荷花是在夏天开放的，"六月花神"指的就是荷花。

荷花为什么在盛夏开放呢？

荷花是喜光植物，夏日较长时间的太阳照射正合荷花心意。在花芽分化的时候，荷花需要28℃左右的温度，晚上也不能低于18℃，夏天的水温恰好达到荷花的要求，而到了秋天，较低的水温就不适合荷花生长了。

谈到荷花，你是否会想到济南大明湖那"四面荷花三面柳，一城山色半城湖"的美景呢？济南大明湖每年都要举办两次荷花节。农历六月二十四日，俗称"荷花生日"，人们在这一天举办"迎荷花神节"；在随后的农历七月三十日，人们会举办"送荷花神节"。

夏日济南大明湖，荷花开在翠绿中

> 语文二年级下册有杨万里的另一首描写荷花的诗《晓出净慈寺送林子方》："毕竟西湖六月中，风光不与四时同。接天莲叶无穷碧，映日荷花别样红。"这首诗第三句写"莲"，第四句写"荷"，荷与莲是什么关系呢？

荷花就是莲花吗？

荷与莲是同一种植物，花叫荷花，也叫莲花，叶叫荷叶，也叫莲叶。

语文一年级上册古代民歌《江南》中"江南可采莲，莲叶何田田"提到的"莲"，以及三年级上册语文园地里唐代诗人王昌龄的《采莲曲》"荷叶罗裙一色裁，芙蓉向脸两边开"中提到的"芙蓉"都是指荷花。

荷花的果实叫莲蓬。语文三年级下册《荷花》这篇课文中写道："有的花瓣儿全展开了，露出嫩黄色的小莲蓬……"莲蓬中的莲子，是荷花的种子，既能药用，又能食用。

荷花——出淤泥而不染，濯清涟而不妖

夏日水中除了荷花以外，还有睡莲，睡莲与莲花又是什么关系呢？

睡莲是莲花吗？

不是，睡莲和莲花(荷花)是完全不同的两种植物。莲花的花瓣少、宽、大，颜色有白、红、粉红等，集中在清晨开花；而睡莲的花瓣多、细、长，颜色有白、红、黄、粉红、紫、蓝等，非常漂亮，在清晨和夜晚开花。荷花和睡莲最明显的区别在于花朵中央是否有莲蓬，荷花有莲蓬而睡莲没有。

那睡莲有种子吗？当然有！只不过睡莲的种子比莲花的种子小很多，还没有小米粒大呢。与普通植物一样，睡莲也经过开花、传粉、受精、结果的过程，果实成熟后就会破裂，释放出来的睡莲种子在水中发育成熟。

荷花仙女，挺水而立

睡莲仙子，浮水而生

如果花还没有开放，如何辨别荷花和睡莲呢？看叶子。

二　六月花神

荷花与睡莲的叶子有什么不同？

荷花的叶子是圆的，边缘完整有波浪，中间略向下凹。睡莲的叶子整体来看也是圆的，但每片叶子都有一个小缺口，很像游戏中张大嘴巴的"吃豆人"。而且荷花的叶子是挺出水面的，像一把小伞撑在水面之上，是典型的挺水植物。而睡莲的叶子是浮在水面上的，还真是符合了它的名字，像正在睡觉一样，懒洋洋地躺在水面上，是典型的浮水植物。

出水荷叶，参差不齐

睡莲叶子，"躺"在水上

如果仔细观察你会发现，睡莲的叶面是很光滑的，而荷花的叶面就像覆盖一层蜡质白霜。

课本里的科学　植物天地

荷叶什么不沾水？

还记得语文一年级上册的《青蛙写诗》这篇课文吗？"荷叶上的一串水珠说：'我们可以当省略号。'"为什么水在荷叶上会形成小水珠呢？

如果在电子显微镜下观察荷花的叶子，你会发现荷叶表面布满了一个挨一个隆起的"小山包"，即乳突结构。这种有高有低的乳突结构使得"小山包"间的凹陷部分充满了空气，个头大于乳突结构的水滴落在叶面上时，接触到较高部分形成滚动的小水珠，便把荷叶上的灰尘带走了。而且，荷花与荷叶外表还有一层纳米蜡质晶体，可以防止沾上污泥浊水，这也是荷花能"出淤泥而不染"的原因。自然造物真是太神奇了！

水上荷叶，水珠摇篮

荷叶表面，高低不平

这下可看到我的"真面目"了吧？

在荷叶下面默默支撑的是荷花的茎吗？

荷花的茎在哪里？

大家千万不要认为与荷花相连的长长的那部分是茎，那是荷花的花柄，荷花的茎跟别的植物不一样，叫作"根状茎"。它的茎是埋在淤泥里的，而且是一节一节的，在节与节之间向下可以长出根，向上可以长出新的荷花。所以，荷花的茎就是我们吃的莲藕。

荷花花柄，中通外直

水中荷花，不蔓不枝

把藕切开，会发现里面有一些管状小孔，这是藕的特殊长相。

藕里的小孔有什么用？

植物生长需要呼吸，由于莲藕是长在淤泥中的，没办法接触空气，为了保证空气的供应，莲藕内部就逐渐生出了一些小孔。空气可以通过这些小孔传达到藕节部位的根须。所以，莲藕的这些小孔其实是运输空气的通道。

莲藕有孔又有节

说到藕，大家常会想起一个耳熟能详的成语——藕断丝连。

二 六月花神

为什么会"藕断丝连"呢?

植物体内运输水分和养分的组织叫导管。这些组织在植物的叶、茎等器官中四通八达,宛如动物体内的血管。在藕的导管内壁上,有一层呈螺旋状排列的增厚组织。当藕被折断时,导管内壁的螺旋状结构在弹性限度内没有被拉断,只是像弹簧那样被拉长了,于是就出现了很多长长的细丝。

我怕刀!用刀切就看不到我的细丝了。

导管内壁螺旋状结构

莲藕易断丝难断

说到水中植物,你知道它们的"霸主"是谁吗?

王莲——莲中之王

睡莲科中有一特殊的品种，叫"王莲"，听它的名字就知道，它是睡莲中的"王"。王莲的叶子是所有水生植物中最大的，直径1.8～2.5米，表面有皱褶，叶缘上卷，犹如一只只浮在水面上的翠绿色大玉盘。

> 我可不想下雨时收集一"平底锅"的雨水，瞧！"锅沿"上的这两个缺口给我帮大忙了。

王莲叶子可承重

把王莲的叶子翻过来，就会看到叶子背面从中间向四周分布着网格状的粗壮叶脉，有利于叶片展开，其中充满气体的空腔会产生较大浮力，再加上王莲深深扎在肥沃泥土中的强壮根，即便几十千克的小孩坐上去也不下沉。怎么样，有没有想站上去的冲动？

> 看！这就是"王者"背后的"钢筋铁骨"。

叶子背面有玄机

相比于王莲的硕大，水面上的浮萍就显得很小了，但它有真正的根、茎、叶、花、果实和种子，能在短时间内迅速繁殖并覆盖大片水域。

为什么会"萍水相逢"？

语文一年级下册中有唐代诗人白居易的诗《池上》："小娃撑小艇，偷采白莲回。不解藏踪迹，浮萍一道开。"这里的"浮萍"就是"萍水相逢"中的"萍"。

"萍水相逢"比喻素不相识的人像浮萍随水漂泊偶然相遇。为什么浮萍会漂泊不定呢？

原来，浮萍叶子背面垂生丝状根，由于不能从泥土中获得足够的营养，所以长得比较短小，没有固着能力，随着水流漂向其他地方。但是漂向哪里可不是浮萍说了算，那得看水流的意思，浮萍只能是随波逐流啦！

水上浮萍，无处生根

浮萍根，丝状根

如果说莲花、王莲、浮萍给人们带来了视觉上的美感，那么形似莲的水莲则能带给人们舌尖上的体验。

水莲和睡莲有关系吗？

"你花苞似的眼里为什么含了清泪？"语文六年级上册第4课课后的阅读链接《杨柳与水莲》里提到的"水莲"，你见过吗？

水莲喜欢在温暖的清水池中生长，有丛生状的水中茎，椭圆形深绿色的叶子浮生在水面或潜在水中，且没有缺口。水莲的花很小，呈暗红色，没有睡莲的花娇艳美丽。

水莲又名莼菜，属睡莲目莼菜科莼菜属，是一种珍贵的水生蔬菜，具有一定的药用价值。水莲对生长环境要求较高，只有在水质、水深、水温都合适的地方才能生长，目前是国家二级保护野生植物。

水莲绿叶衬红花

水莲嫩叶可入菜

名字里有"莲"的植物还真不少，你还记得语文一年级下册《我多想去看看》这篇课文里写到的新疆天山上的雪莲吗？

雪莲长什么样？

　　雪莲多生长于雪山上的悬崖峭壁之间，因形似莲花而得名。但雪莲属于菊科，伸展的"黄绿色花瓣"其实是它的变态叶，中间像花蕊的黑绿部分才是它真正的花。

　　雪莲能在极寒缺氧的环境中生长，但它生长极其缓慢，需要 5 年左右的时间才能开花结果。由于雪莲只在每年无霜期内（大概两个月）生长，其他时间都在"沉睡"，所以雪莲整个生命周期内生长发育时间不足一年。虽然雪莲低矮粗壮的根状茎以及叶片上细小的茸毛能够增强雪莲的抗寒能力，但许多雪莲仍然无法存活到开花。目前，雪莲也是国家二级保护野生植物，严禁采挖。

高山雪莲，不畏严寒

结语

　　生活在寒冷土壤和恶劣环境里的"西域奇花"雪莲寓意着坚韧和圣洁，给人们带来希望之光。而"翠盖佳人"荷花不仅色彩艳丽、亭亭玉立，还具有"出淤泥而不染"的高洁品格。它们就像大自然精心雕刻的艺术品，既婉约又神秘，给人一种超凡脱俗的感觉。我们也应该像它们那样，无论外界环境如何变化，始终坚守自己的本心，以高雅而坚定的姿态去迎接命运的挑战，最终绽放出属于自己的光彩。

三 花中四君子

语文二年级上册有宋代王安石赞美梅花高贵品格的诗《梅花》:"墙角数枝梅,凌寒独自开。遥知不是雪,为有暗香来。"语文六年级上册有清代郑燮颂扬竹子顽强品质的诗《竹石》:"咬定青山不放松,立根原在破岩中。千磨万击还坚劲,任尔东西南北风。"除了高洁的梅花和竹子,"花中四君子"中还有圣洁典雅的兰花和色彩动人的菊花。一起去领略一下它们的风采吧。

梅花为什么能"凌寒独自开"?

语文四年级下册收录了元代诗人王冕的《墨梅》:"我家洗砚池头树,朵朵花开淡墨痕。不要人夸好颜色,只留清气满乾坤。"诗中描写的梅花,既是"岁寒三友"松、竹、梅中的一员,又是"花中四君子"中的第一位。

语文四年级下册中的毛泽东诗词《卜算子·咏梅》让我们看到了"已是悬崖百丈冰,犹有花枝俏"的情景,梅花为什么能在寒冷的季节开放呢?

一树红梅映雪开

有些植物开花需要经过一个阶段的低温期,这个阶段称为春化。梅花的春化温度点比其他植物低,所以能在寒冷的季节先于其他植物开放。但由于梅花花芽生长所需的温度比叶芽低,所以梅树通常是先开花后长叶。早春的温度"满足"了花芽却"冷落"了叶芽,因此阳历2~3月时,梅花只能"凌寒独自开"了。

但梅花的繁衍却要借助"他人"的力量。

梅花靠什么吸引昆虫？

我们都知道，雄蕊花药里的花粉被昆虫或风带到另一朵花的雌蕊柱头上，才能完成植物的传粉过程，经过受精结出果实和种子。梅花在寒冷的季节开花，除了依靠鲜艳的花色吸引昆虫外，它还有什么"法宝"呢？

语文四年级上册有宋代诗人卢钺的《雪梅》："梅雪争春未肯降，骚人阁笔费评章。梅须逊雪三分白，雪却输梅一段香。"这首诗有没有让你恍然大悟呢？

原来是梅花散发的香气在吸引昆虫（如蜜蜂）来帮助自己传宗接代啊！它那独特的香气，浓郁而持久，不仅引来了昆虫的"到访"，更成为寒冬里沁人心脾的一缕暗香，让人为之倾倒。

梅花盛开蜜蜂来

当春风拂面，梅花的香气渐渐散去，一股清新脱俗的幽香悄然弥漫，它来自兰花。

兰花，的确与众不同

兰花本是山中草，却以香著称，是中国十大传统名花之一。兰花的香味与品种、光照、营养都有关系。它的花形也很特别，3个花萼，3片花瓣，果实成熟时也会裂成3瓣。你们看，是不是与"3"这个数字很有缘分呢？而且其中一片花瓣能像舌头一样卷起来，形成特化的"唇瓣"，可为传粉的昆虫提供驻留的平台。更有意思的是，兰花的雌、雄蕊长到一起不分家，形成了"合蕊柱"，让兰花在散布花粉的同时也接受花粉，是兰花传粉的得力助手呢。怎么样，这让人心醉的兰花够"特殊"吧？

兰花外形，与"3"同行

很多人说兰花不好养，或许是因为没有掌握兰花的种植技巧。

兰花养成了"韭菜",怎么回事?

兰花是否繁茂和能否开花与养护关系密切。把兰花养成了"韭菜",一般有以下几种原因:一是施肥,肥量少了就不长个儿,肥量多但营养不全面时,虽然会长得绿油油的,但不会开花;二是浇水,兰花对水分很挑剔,只有"润而不湿",才能开花;三是兰花虽然是喜阴植物,但长花芽需要充足的光照,不过应避免强光直晒。

不过,的确有一种花长得和韭菜很像,这种花叫韭兰(也叫韭莲),它其实不是兰花,属石蒜科,叶片比韭菜硬,花茎从叶丛中抽出,花多为粉红色,甚是好看。

韭兰似韭,花叶清秀

"花中四君子"之一的竹子开花你见过吗?

竹子开花意味着什么？

虽然竹子是有花植物，但不像其他有花植物那样每年都开花结果。当竹林的土质比较贫瘠或干旱、不再能支持成片的竹林生长时，竹子就会开花，将剩余的养分全部用到繁育种子上。大多数竹子一生只开一次花，开花的时候往往就到了竹子即将"寿终正寝"的时候了。

竹子开花，马上搬家

竹子的种类很多，大多数竹子开花后会结出像麦粒似的种子——竹米。外观似凤凰尾羽的凤尾竹就是这种类型。而那些只开花不结种子的竹子，是通过无性繁殖方式繁殖后代的，例如，角竹、雷竹等。

> 我们在体味宋代苏轼的"宁可食无肉，不可居无竹"的爱竹之情时，也可以感受一下晋代陶渊明的"采菊东篱下，悠然见南山"的爱菊之心。

三 花中四君子

为什么菊花大多在秋天开放？

菊花属菊科菊属，是典型的短日照植物。它通常需要光照时间短于 12 小时，且持续一段时间，才能触发花芽分化并开花。而且菊花喜欢凉爽的天气，生长适宜温度为 18～21℃，因此秋高气爽的天气对于菊花开放就再适合不过了。

语文三年级下册课文《花钟》中提到的万寿菊属菊科万寿菊属，一般在夏天和秋天开放。由于万寿菊花头多，花大艳丽，所以常被用来点缀花坛、布置花丛等。但它的花和叶都有点臭，所以一开始被叫作"瓣臭菊"，后来由于谐音，就成了"万寿菊"。

万寿菊开，金色花海

菊花在我国已有 3000 多年的栽培历史。随着园艺技术的发展，春菊、秋菊等杂交品种被广泛培育。另外，人们还可以通过人工遮光的方法来控制菊花的开花时间，因此大家在任何时间看到菊花都不要感到奇怪哟！

结语

被称为"花中四君子"的梅、兰、竹、菊是中国人托物言志的常见对象。梅花,迎寒而开,傲霜斗雪,象征着坚韧与不屈。兰花,色淡清香,典雅纯洁,象征着高尚与淡泊。竹子,经冬不衰,枝干挺拔,象征着傲骨与顽强。菊花,艳于百花凋后,不与群芳争列,象征着独立与淡泊。我们在了解这些知识的同时,更应该学习"花中四君子"的优秀品质。拥有这些品质,相信在成长道路上遇到任何困难,你都会微笑着去面对。

四 十二月花名歌

"正月山茶满盆开,二月迎春初开放。三月桃花红十里,四月牡丹国色香。五月石榴红似火,六月荷花满池塘。七月茉莉花如雪,八月桂花满枝香。九月菊花姿百态,十月芙蓉正上妆。冬月水仙案头供,腊月寒梅斗冰霜。"

语文二年级上册的这首《十二月花名歌》中提到的花,有七种位列中国十大名花(梅花、牡丹花、菊花、兰花、月季花、杜鹃花、茶花、荷花、桂花、水仙花),你知道这些花的模样和花中隐藏的秘密吗?

山茶花和茶树花是一种花吗?

山茶花开在正月,"往往开红花,偏在白雪中"是明代诗人归有光对山茶花的咏叹,足见山茶凌雪盛开之美。可是人们经常把"山茶花"和"茶树花"混为一谈。"山茶"和"茶"虽是近亲,但它们是不同的植物。山茶花花色多样,花瓣一层层地叠在一起,中间围绕着花蕊,形态优美,是著名的观赏植物。

茶树大家都不陌生,它的叶子经过加工可制成清香的茶叶等。可是你们见过茶树花吗?茶树花秋冬绽放,几片轻薄相依的白色花瓣衬托着金黄色花蕊,散发着淡淡的芳香。由于茶树以采收叶片为主,所以要采取一些措施抑制茶树花的生长,以防其与茶叶争夺营养。

我是寒冬中盛开的"花中娇客"。

能见到我的芳容是你的幸运哟!

山茶花

茶树花

"二月迎春初开放",相比之下,迎春花却给乍暖还寒的早春带来一抹阳光。

迎春花和连翘花一样吗？

迎春花与梅花、水仙、山茶花这四种花都在较为寒冷的季节开放，因此被称为"雪中四友"。迎春花开花最早，连翘花紧随其后，均在早春先叶开放（先开花后长叶），但两者都是小黄花，怎么区分呢？

仔细观察你会发现，迎春花有六枚花瓣，而连翘花只有四枚。迎春花的枝条为绿色，有明显的四条棱，而连翘的枝条为棕褐色，稍有四棱。而且，迎春花不结籽，连翘花结籽，还是一味中药呢。

花六瓣，结籽少，枝绿色，有四棱。

迎春花

花四瓣，能结籽，枝褐色，稍有棱。

连翘花

> "三月桃花红十里"的桃花你一定不陌生，与桃花同为蔷薇科的其他几种果树的花也在春天竞相开放。

桃花、杏花、李花、梨花，你能分得清吗？

古人对春天桃花的描写，课本中出现不少，比如语文三年级下册中苏轼的《惠崇春江晚景》"竹外桃花三两枝，春江水暖鸭先知"，语文四年级下册杜甫的《江畔独步寻花》"桃花一簇开无主，可爱深红爱浅红"等。桃花颜色艳丽，它的果实就是大家熟悉的桃子。杏子、李子和梨也是常见的水果，它们的花长什么样呢？

最早开花的杏花一般在阳历三月先叶开放，此时还略带清寒，故有"一汀烟雨杏花寒"的说法。杏花花萼紫红或紫绿，随着花瓣的伸展，色彩由艳逐渐转淡。

杏花含苞红艳，花瓣伸展色淡

清明前后，桃花和李花都陆续开放了，故有"佳节清明桃李笑"的诗句。桃花有白、粉红等颜色，花梗短，开花时常伴有新生的嫩叶。李花白色簇生，素雅清新。"桃李"常用来比喻所教的学生，比如，"桃李满天下""桃李盈门"等。

四 十二月花名歌

桃花艳丽，花朵丰腴

李花洁白，质朴秀美

梨花洁白如雪，花形较大且花梗长，花药呈紫红色，花期稍晚，农历三、四月开花，一般只持续二十几天，温庭筠曾感慨"只缘春欲尽，留著伴梨花"。

一树梨花白如玉

三月开花的果树还真不少，还有什么花也在三月盛开呢？

37

三月"杜鹃"也开放？

杜牧在《山行》中写道："停车坐爱枫林晚，霜叶红于二月花。"这里的"二月花"不是特指某种花，而是泛指。杜鹃花的有些品种也在农历二月（即阳历三月份左右）开放。相传古代蜀国国王杜宇隐退后化为杜鹃鸟，日夜哀鸣而咯血，鲜血洒落山间化为红花，人们便以"杜鹃"来命名这种花。由于杜鹃鸟的鸣叫与杜鹃花的花期接近，因此二者在文化和情感上产生了联系。

杜鹃花喜欢凉爽的气候，种子小且数量多，根系浅薄且能在土壤稀少的崖壁或岩石缝隙中生长。每到春天，杜鹃花就会开满山坡，因此又名映山红。

> 被誉为"花中西施"的我，竟与杜鹃鸟重名了。

杜鹃花开映山红

> 杜鹃花是我国十大名花之一，国色天香的牡丹也位列其中。

四　十二月花名歌

四月开花的牡丹为何要在秋天种？

人们常说"秋种牡丹春观花"，原因是秋季牡丹的芽逐渐进入休眠状态，营养消耗少，只有地下根系在悄悄地生长，因此常有"八月十五栽牡丹"一说。等到春天万物复苏，发育完全的根将其吸收的营养物质传输到地上部分，人们便可看到娇艳硕大的牡丹花了。

秋日牡丹园，春之花摇篮

唯有牡丹真国色

伴随着牡丹的盛开，它的姊妹花芍药也迫不及待地跃跃欲"开"了。

牡丹为什么通常与芍药相提并论？

牡丹和芍药外貌相似，如同姊妹。牡丹花多顶端单生，花色更为丰富，芍药多枝端簇生，花型较牡丹略小。叶片也是区别二者的一种直接且简单的方法。牡丹花的叶子宽大肥厚，像鸭掌般展开；而芍药的叶子狭长不分叉，彼此独立生长。

牡丹是木本植物，枝条在冬季不会枯萎，生长多年以后茎会明显木质化，因此又名"木芍药"；而芍药是草本植物，冬季地上的枝条会枯萎，来年再冒出新芽，所以枝条都是青绿色的且较为柔软，因此又叫"没骨花"。

牡丹——花中之王

芍药——花中之相

俗话说"谷雨看牡丹，立夏观芍药"，芍药通常在牡丹凋谢之后才会绽放，人们常把两者混合种植，一花落去，一花开放，延伸了春天，迎来了夏天。

> 五月是花开的季节，你看，就连树上的石榴花也来斗艳了。

石榴花有什么特别之处

你一定吃过石榴吧,但你见过石榴树开的花吗?"五月石榴红似火"指的就是红色石榴花。

石榴花是一种典型的两性花,即一朵花上既有雄蕊也有雌蕊,以结果为主的石榴花多为单瓣花,其雌蕊高于雄蕊,容易受精结实,这种花俗称"筒状花"或"大屁股果花"。而以观赏为主的石榴花多为重瓣花,其雌蕊或退化或低于雄蕊,不能完成授粉受精,花开后很快脱落,俗称"钟状花"或"尖屁股谎花"。还有一种处于两者之间的中间型花,其雌蕊与雄蕊基本平齐,若营养较好,可以正常结果,若营养不足,就不能受精结果。

石榴花不同,"结果"也不同

五月过后,气温升高,那些生长在水里的荷花迎来了自己的高光时刻。

如何让"六月荷花开满塘"呢?

荷花能开满池塘有三个制胜法宝。除了六月的气候能够满足荷花在水温 20～30℃、每天 6～8 小时以上光照才能开花的要求外,种植在 0.3～1.2 米的池塘等浅水或静水处而非涨落悬殊的江河等流水中,也有利于荷花的盛开。另外,营养丰富、松软的泥土也是荷花盛开的保障,种植几年后的荷花池塘,需要翻动池底并砍掉部分老茎,才能让荷花重新焕发生机。

由于荷花具有净水能力,而且这种净水能力在荷花的花期最强,所以栽种荷花的池塘看起来很干净,真是"清水出芙蓉"呢!

盛开的荷花,绽放了整个夏天

> 荷花一般一年只开一次花,而茉莉花如果养护得当,一年能开三次花呢。

四　十二月花名歌

如何让"七月茉莉花如雪"呢?

你会唱江苏民歌《茉莉花》吗?"好一朵茉莉花,好一朵茉莉花,满园花开香也香不过它……我有心采一朵戴,又怕来年不发芽……"来年为什么会不发芽呢?

原因是茉莉花很"古怪",只要是开过花的枝条,就会逐渐木质化,木质化后的枝条上萌发的新芽就会少很多。因此,茉莉七月开花后,必须及时进行修剪,除去老化、木质化的枝条,每个枝条上保留两三对叶子,以确保植株有足够的叶片进行光合作用,积累养分。这样,第二年就可以开出香气浓郁、洁白如雪的茉莉花了。

茉莉花开,清香飘来

花园里飘来的茉莉花香,让树上的桂花有点沉不住气了。

课本里的科学　植物天地

"八月桂花满枝香"，桂花都是在八月开放吗？

你或许不曾注意过成簇绽放的桂花那娇小的外形，呈十字形的四个花瓣就像四个小汤匙，但你一定被桂花迷人的香气吸引过，正如语文五年级上册课文《桂花雨》中描写的那样，"桂花的香气，太迷人了"。

语文六年级下册中有唐代王建的诗《十五夜望月》："中庭地白树栖鸦，冷露无声湿桂花。今夜月明人尽望，不知秋思落谁家。"所有的桂花都是在中秋节前后开放吗？不是。香气浓郁的丹桂、金桂、银桂属于"八月桂"，而香气最淡、叶缘有锯齿的四季桂，一年四季可多次开花。

丹桂红似火

银桂白如玉

我想搞点"特殊"，月月开，不太"香"。

我们姊妹仨，"香"约八月开。

金桂金灿灿

四季桂四季开

夏日过去，九月盛开的菊花就该闪亮登场了。

四 十二月花名歌

为什么"九月菊花姿百态"呢?

每年秋天,不少公园都会举办菊花展,那千姿百态、五颜六色的花朵,真让人流连忘返,百看不厌。菊花为什么会如此多姿多彩呢?

菊花的祖先主要是黄色的野生菊属植物,唐代黄巢在《不第后赋菊》中写道:"冲天香阵透长安,满城尽带黄金甲。"在经历了不断的自然选择和人工培育后,菊花从野生的单一品种发展到家养的万紫千红。在自然环境下,蜜蜂、蝴蝶和风都参与了传粉工作,它们无意中立下了汗马功劳,但这个过程比较缓慢。到了高科技时代,人们可以根据需求和喜好,采用杂交、嫁接等方法进行人工培育,于是,各种漂亮的菊花新品种就出现了。

菊花——五彩缤纷,形态各异

看着这些多姿多彩的菊花,十月里盛开的芙蓉花也忙着要"上妆"了,它们上的什么妆呢?

"醉芙蓉"为什么"醉"了？

秋高气爽的时节，木芙蓉悄然开放。木芙蓉原产中国，株高3～5米，花朵大而娇艳，在清晨初开时呈白色，午后逐渐转变为浅红色，傍晚变为深红色，真可谓"晓妆如玉暮如霞"呢，木芙蓉也因此得名"醉芙蓉"。木芙蓉为什么会出现这样的变化呢？这是由于花中相关花青素的积累所致。

千林扫作一番黄，只有芙蓉独自芳

十月过后，天气转凉，有一种在秋季生长、冬季开花的水仙花开始受到人们的宠爱。

四 十二月花名歌

"冬月水仙案头供"，为何要当心？

水仙作为中国十大名花之一，香味浓郁，花形清丽，叶片窄长，六片白色的花瓣搭配金黄色的副花冠，给人一种恬淡优雅的感觉，可谓真正的"水中仙子"。

但水仙的鳞茎、花朵和汁液都是有毒的，虽然散发出来的香味无毒，但也不建议将水仙花养在卧室里。这是因为其香气会引起人的神经系统兴奋，影响睡眠质量。所以水仙虽香，也不要离人太近哟！

若把水仙比笑脸，浓妆淡抹总相宜

> 这种水仙通常叫"中国水仙"，还有一种叫"西洋水仙"的花，你听说过吗？

"西洋水仙"也是水仙吗?

提到"西洋水仙",你可能一头雾水,但提到"风信子",你可能会恍然大悟。其实,风信子就是"西洋水仙",是从欧洲传入我国的。它有一个像洋葱头的鳞茎,上面长着兔子耳朵般的肥厚叶子,花序轴从叶丛中挺拔而出,上面绽放着由六个花瓣组成的小花,形似优雅的小喇叭。花色丰富多样,有红、紫、白、黄等颜色。你们看,"中国水仙"和"西洋水仙"是不是长得很不一样?

风信子——球茎洋葱样,花朵似喇叭

秋季过后,很多植物开始进入冬眠期,而有一种花不畏严寒,偏偏在冬季开放。

蜡梅就是梅花吗？

还记得语文五年级下册的《梅花魂》吗？文章以花喻人，体现了中国人顶天立地的秉性。这里的梅花与"腊月寒梅斗冰霜"的蜡梅又有怎样的关系呢？

从植物学角度看，蜡梅属蜡梅科，而梅花属蔷薇科，因此它们的亲缘关系相对较远。蜡梅名字里有"梅"字，是因为它具有梅花的某些特征，比如外形、香气和傲寒而立的品格。

蜡梅的花朵呈蜡黄色，质感似黄蜡，多在冬季开花。而梅花多在早春2～3月先叶开放，花色丰富多样，有白、粉、深红、紫红等颜色。"不经一番寒彻骨，怎得梅花扑鼻香"，说的正是梅花经历寒冷冬季后，在初春绽放时散发的迷人香气。

蜡梅——腊月黄花开，幽得扑鼻来

梅花——春开色多彩，淡香蜂自来

结语

开在不同月份里的这些花虽然花期不同、形态各异,但有一点是相同的:花谢了,还有再开的一天,等到来年,花儿们将重新绽放它们的美丽。花有重开日,人无再少年。人生最美好的年华,如同含苞待放的花朵,"劝君莫惜金缕衣,劝君须惜少年时,有花堪折直须折,莫待无花空折枝"。让我们珍惜这仅有一次的少年时光,不负韶华,努力从书本和实践中汲取养分,在未来绽放出最美丽的花朵吧!

五　花儿为什么这样香艳

语文六年级上册《丁香结》中写道："最好的是图书馆北面的丁香三角地，种有十数棵的白丁香和紫丁香……还有淡淡的幽雅的甜香……"语文二年级下册《一株紫丁香》中，作者想把一株紫丁香栽在老师窗前，让花香飘进老师的梦里。

丁香为什么颜色宜人还能散发出香气？花儿如此香艳是为了什么呢？让我们一起去花的"秘密工厂"看看吧！

什么是花香？

一说到花香，便好像瞬间置身于春天，扑鼻而来的满是芳香气味。

花香是花朵分泌出的具有芳香气味的物质。人们对花香的感知主要是通过嗅觉，但对于香味的种类并没有明确区分，只能用清香、浓香、幽香等词汇来描述，比如紫丁香散发出淡淡甜香，梅花傲雪而立、暗香袭人，紫茉莉则以阵阵幽香令人陶醉。

紫丁香——花苞像心结，花香解心结

紫茉莉——花朵似喇叭，花香传四方

花香好似每一种花的名片，未见其花，先闻其香；闻其香后，便辨其花。

五 花儿为什么这样香艳

花儿为什么这样香？

花朵里制造香味的"秘密工厂"就是油细胞。油细胞能不断分泌芳香油，开花时挥发到空气中，我们就能闻到香味啦。比如玫瑰花、茉莉花和桂花的芳香油挥发程度都比较高，即使相隔很远我们也能闻到花香。

有些花虽然没有油细胞，但细胞中却含有配糖体，经酶分解后也会散发香气。由于每种花分泌芳香油和分解配糖体的能力不同，因此花香有浓郁和淡雅之分。有的花儿既没有芳香油，也没有配糖体，自然就没有香味了。

要论花香，我都能当"花中皇后"了。

玫瑰花

一般来说，白天气温升高，花瓣中芳香油挥发得就快，花香就浓一些，但有些花却在阴雨天或晚上才散发出较浓的香气。

为什么有些花晚上更香？

有些原产于热带地区但花的色彩并不鲜艳的植物，普遍晚上更香，比如月光花、夜来香等，这是因为夜晚没有太阳照射，空气湿度增大，花瓣上的气孔也随之增大，挥发的芳香油更多，所以花香就更加浓郁。

被誉为"月下美人"的昙花，花大而洁白，香气清冽。为了避开阳光暴晒，减少水分的散失，昙花选择在夜间短时间开放，所以被称为"昙花一现"。

昙花一现，难得一见

其实，植物的花香除了给人们带来感官上的愉悦外，归根结底还是为了植物本身的传宗接代。

五 花儿为什么这样香艳

花儿都是香的吗？

地球上能散发香味的花只占开花植物很小一部分，大多数没有香味，有些花气味独特，如马兜铃的花通常有腐肉味，用以吸引特定的传粉昆虫。蜜蜂能辨别出几百种气味，对花香有特别的偏好。部分蝇类却对大王花等散发臭味的花十分钟情。所以不管花是香是臭，都是植物为吸引昆虫传粉而采取的特殊"策略"。

> 虽然我并不艳丽，但仍然有小蜜蜂喜欢我，真是幸运！

> 我是花中之"王"，却只有小苍蝇、小甲虫喜欢我，真是郁闷啊！

山楂花

大王花

有些花虽然没有明显的气味，但同样有自己的繁殖方式。

花香蝶自来,花不香呢?

花香的浓淡与花的种类、颜色、开花时间、当地气候密切相关。一般来说,花的颜色越浅,花香越浓;颜色越深,花香越淡。香花中以白色、淡黄色居多,比如通体洁白的栀子花、茉莉花以及淡黄色的椴树花,因此人们常说"人生如花,淡者香"。

如果花的香气不够浓郁,它们通常会拿出另外一种"撒手锏"——用色彩鲜艳而硕大的花朵来吸引昆虫,比如语文四年级下册课文《乡下人家》中提到的大丽菊,正所谓"花儿鲜艳,蝶儿翩翩"。为了繁衍下一代,花儿也算是使出浑身解数了。

栀子花——花香浓郁,洁白如玉

大丽菊——花香不足,色彩来补

语文二年级下册课本中有一个课后问题:"花儿为什么是五颜六色的呢?"你知道如何回答这个问题吗?

花儿为什么是五颜六色的？

其实这个问题并不难回答，花瓣中的花青素在不同环境下会呈现不同颜色，酸性环境呈红色，如鸡冠花、红玫瑰；碱性环境则变成蓝色，如蓝色绣球花；中性环境则为紫色，如桔梗花。而花瓣另一种色素——类胡萝卜素则能使花瓣呈现黄色或橙黄色。当花中不含有任何色素时，花就是白色的。这些色彩斑斓的花儿不仅美化了环境，还能让人心情愉悦，同时也满足了植物自身繁殖的需要。

鸡冠花——红色鸡冠状

花中有"素"，会变"魔术"。

桔梗花——形似五角星

绣球花——花呈绣球状

结语

　　我们都闻到过扑鼻的花香，也见过艳丽多彩的花色，它们是大自然赋予植物的繁殖手段，并以此成就了这个五彩斑斓的世界。那些色彩淡雅的花，不张扬，不炫耀，却散发出独特的香气；而那些如彩虹般绚烂的花却往往缺乏沁人心脾的香味。花香与色彩交织在一起，不仅传递了生命的力量，更启迪了人们的心灵。它让我们深刻地意识到，朴素的外表和淡泊的心态，往往能成就更高的人生追求和持久的人格魅力。正所谓"花，越淡越香；水，越淡越澈；人，越淡越从容；心，越淡越宽阔"。

六 植物也会爬吗

生活中到处能看到各种各样的植物，或是马路旁高大威武的行道树，或是庭院内随处飘摇的小草。然而，有这样一类植物，它们既没有高大坚实的树干，也不能像小草一样随风摇动身姿，却能像小动物一样攀爬，它们茎干细长，身体不能直立，被叫作藤本植物。无论靠什么方式攀爬，藤本植物的茎均起到举足轻重的作用。你想知道其中的奥秘吗？请跟随语文四年级上册《爬山虎的脚》这篇课文去一探究竟吧！

为什么叫爬山虎呢？

初次听到爬山虎时，你或许会以为这是一种凶猛如老虎般的动物。其实，爬山虎是一种葡萄科的多年生大型落叶木质藤本植物，外形与野葡萄藤很相似。它虽然必须攀附于其他支撑物上，却长势迅猛，一根茎粗两厘米的藤条，种植两年后的覆盖面积就能达到30～50平方米。它那向上攀爬的架势宛如壁虎一般，就连它的"脚"也与壁虎相像，因而得名"爬山虎"。

"绿色大城堡"，爬山虎功劳

你仔细观察过爬山虎的"脚"吗？

六 植物也会爬吗

爬山虎的脚长什么样？

爬山虎的脚是从茎上长出来的，细丝状卷须触到墙壁时，末端膨大为一个个圆而扁平的吸盘，并分泌出黏液。当吸盘与墙壁之间的空隙被黏液填充时，吸盘内部的空气被挤了出去，外部的大气压就向内挤压吸盘，于是，爬山虎的脚就能像壁虎的脚一样紧紧地抓住墙壁，狂风暴雨也不能让它脱离。家里墙上用来挂物体的吸盘挂钩就是根据这个原理发明的。

瞧！我的脚和壁虎的脚长得像吗？

爬山虎，"脚"落墙

壁虎脚，抓墙牢

我们知道，动物是先长出脚再爬行，爬山虎也是这样吗？

什么？爬山虎先爬再长脚？

爬山虎，"脚"特殊

> 茎引领，脚固定，先爬再抓我最行。

爬山虎并不像动物一样长出脚后再灵活地爬行，而是随着茎的向上生长，不断地长出新的脚作为攀爬点，从而让爬行过程十分稳定。

有人观察发现，爬山虎的茎每米有近25个吸附在墙上的吸盘，即使我们用力拔下爬山虎的卷须，大部分的吸盘仍然贴在墙壁上。

> 纵使除去茎和叶，我自岿然不动。

"脚"落墙，力量强

当你看到满墙的爬山虎时，你是否会有这样的疑问：人们为什么要种植爬山虎呢？

种植爬山虎有什么好处呢？

在《爬山虎的脚》这篇课文中，叶圣陶先生对爬山虎进行了生动细致的描述，让我们感到爬山虎真的很可爱。那些铺在墙上的叶片，遮挡了强烈的阳光，让夏日的屋内变得清凉。种在公路两旁的爬山虎也挡掉了部分噪声，起到隔音墙的作用。秋天，泛红的叶色绘就了一幅色彩斑斓的秋日美景图。爬山虎对空气的净化作用，也让它成为城市绿化中不可缺少的一员。

春爬夏满墙，秋叶上红妆

看来种植爬山虎还真是好处多多呢，难道爬山虎就没有缺点吗？

课本里的科学　植物天地

为什么有些人不喜欢爬山虎？

虽然种植爬山虎的好处很多，但是爬山虎吸盘分泌出的酸性物质会腐蚀墙壁，钻入墙壁缝隙的"脚"会增大墙壁的缝隙。生长茂盛的爬山虎在夏天会招来许多蚊虫，喜欢吃小虫子的壁虎就会常来光顾，有时甚至把吃壁虎和昆虫的小蛇也引来了，这可能会给住户带来一定的困扰。

爬山虎　→招引蚊虫→　蚊子

↓招引壁虎

我来了！但人们并不喜欢我。

蛇　←招引蛇←　壁虎

但有些会爬的植物却凭着甘甜的果实赢得了大家的喜爱，比如葡萄。

六 植物也会爬吗

葡萄是如何爬上架的？

葡萄和爬山虎同属葡萄科，作为木质藤本植物，葡萄的主干粗壮有力，攀缘茎却细长柔软，不能直立也不能缠绕在其他物体上。因为葡萄没有爬山虎那样的吸盘来充当"脚"，所以它就将攀缘茎的侧枝变成卷须缠绕在架子上，好像长出了许多"手"，能够抓着架子向高处爬。

> 我就是靠这些卷须不断提升自己的"地位"的。

> 看我缠绕的卷须像不像攥住架子的小拳头？

葡萄爬架，卷须来抓

秋天是收获的季节，一串串葡萄晶莹剔透、饱满多汁，真是既好看又美味。大量上市的葡萄除了可以用来酿造葡萄酒之外，还可以制成葡萄干保存。

葡萄干是晒干的吗？

如果把葡萄放在太阳下面晒，由于温度高，葡萄很容易变质。但在室内晾干的葡萄干在质量、外观上都能保持较高的水平。

语文二年级上册课文《葡萄沟》中就描绘了这种"修在山坡上，样子很像碉堡"的房子，它叫晾房。晾房内有许多挂着新鲜葡萄的支架，四面镂空的平顶土房既能让阳光不直射在葡萄上，又能让吐鲁番的热风从四面八方吹进来，有利于葡萄的自然风干。大约40天左右，新鲜的葡萄就风干成葡萄干了。因此，新疆的葡萄干不是晒干的而是晾干的。

晾房外景

晾房内景

不仅葡萄这种水果会攀爬，语文四年级下册课文《乡下人家》告诉我们，有些蔬菜也是会攀爬的。

六 植物也会爬吗

丝瓜、黄瓜、苦瓜、葫芦
——"我们也可以用'手'爬"

  这些我们常吃的瓜类蔬菜都来自同一家族——葫芦科，它们都是一年生草质藤本植物，茎十分细弱。为了能够"举起"重重的果实，它们也像葡萄一样，从茎上长出柔软的卷须，这些卷须一旦接触到竿子或其他支持物就会螺旋缠绕，就像人的手那样不断地抓住瓜架向上爬，为自己的成长搭建支撑。

丝瓜　　　　　　　　　　　　　黄瓜

葫芦家族，"爬架高手"。

葫芦　　　　　　　　　　　　　苦瓜

  真的要为植物的生长智慧点赞，但同样是葫芦科的南瓜却非要搞点儿特殊。

南瓜的攀爬有什么特别？

语文五年级下册课文《祖父的园子》里提到的倭瓜就是南瓜，南瓜与丝瓜、黄瓜、苦瓜、葫芦一样，可以在茎节上长出粗壮的卷须爬上架子，这样可以减少在地里腐烂的概率。

南瓜上架，"灯笼"高挂

在没有外物辅助时，它还有自己另外的"神器"——匍匐茎，正如其名，匍匐茎不能直立，茎节上长出的不定根能够深深地扎入土壤，不仅可以用来固定藤蔓，还可帮助植物吸收水分和营养，用这样"偷懒"的方式趴在地上匍匐前进也真是惬意！

南瓜趴地，匍匐前进

语文一年级上册"日积月累"中的谚语"种瓜得瓜，种豆得豆"，反映了遗传基因的稳定性。瓜会爬，豆也会爬吗？

豌豆、芸豆、豆角
——求同存异，各有千秋

豌豆、芸豆、豆角都是柔软的草质藤本植物。

豌豆和前面的瓜类一样，是用自己的卷须作为"小手"爬上架的。而芸豆、豆角则不同，它们有缠绕茎，虽然细弱却极为有力，能像小蛇那样紧密缠绕在支持物上，从而不断向上生长。

> 我还是用老办法，靠卷须攀爬。

> 我们"两兄弟"开发出了专门的"攀爬工具"——缠绕茎！

豌豆　　　　　　芸豆　　　　　　豆角

除了豆类蔬菜，有些花也会爬。语文三年级下册课文《花钟》里写道："牵牛花吹起了紫色的小喇叭……月光花在七点左右舒展开自己的花瓣……"牵牛花、月光花如何攀爬呢？

牵牛花和月光花
——美丽与柔曼并存

牵牛花和月光花也都是依靠柔软的缠绕茎向上爬的，而且它们与芸豆、豆角的茎都是自右向左逆时针旋转的左旋性；有些植物，比如忍冬、葎草等则恰恰相反，是右旋性的。至于何首乌等中性缠绕植物，它们的茎可以自由旋转，有时左旋，有时右旋。

植物旋转缠绕的方向性与它们祖先生活在南半球、北半球或是赤道附近有关，经过漫长的适应与进化被遗传下来而保持不变。但无论是左旋还是右旋，都展示了生命的轨迹和大自然的精确设计。

我们是植物家族里著名的"左撇子"。

牵牛花，像喇叭，既会变色又会爬

我是植物家族里不常见的"右撇子"。

葎草又名拉拉秧，分枝再生能力强

通常，植物的茎都是从根上长出来的，但茎上长根的植物你见过吗？

六 植物也会爬吗

常春藤的根也会爬？

常春藤作为一种四季常青的木质藤本植物，是用气生根当"脚"来攀爬的。与绿萝不同的是，常春藤茎上的气生根更多，密密麻麻的如同胡须一般，能紧紧地吸附或穿透支撑物的表面，从而稳固地攀缘而上。

常春藤与爬山虎都是爬藤类植物，两种植物远看差不多，但爬山虎叶边呈锯齿状，冬季落叶，而常春藤叶子为三角卵形，四季常绿。

常春藤爬墙，气生根帮忙

常青藤不仅美化了环境，还象征着坚持不懈的精神，激励我们在困难和挫折面前勇往直前。

结语

　　正如动物进化出了四肢从而得以在地面上爬行那样，攀缘植物为了获得更多的光照和生存空间，进化出自己的攀缘器官，它们用柔软的卷须和坚韧的藤蔓，编织出或曲折或盘旋的生命画卷，在这片广阔的天地中拥有了属于自己的生存方式。

　　生命远比我们想象的更有力量，攀缘植物凭借不畏艰难、不屈不挠的精神，诠释了生命的意义和价值，传递了对生命的热爱和追求，我们也应该像它们那样不断进取，充分发挥自己的长处并练就属于自己的生存本领。

七　长在地里的宝贝

　　地球家园在形形色色植物的点缀下五彩斑斓，秀美如画。植物由根、茎、叶、花、果实、种子六大器官构成，相信这些你已熟知。果实是植物一生都在孕育的宝贝，它一定长在地面以上吗？地下还藏着植物的哪些宝贝？它们是植物的哪个器官呢？让我们一起去看看这些长在地下的宝贝吧，或许真的会刷新你的认知呢！

花生为什么地上开花,地下结果呢?

花生虽然矮矮地长在地上,花小小的不引人注目,但花生的个性实在是与众不同。花药在开花前一两小时就自动裂开,藏在里面的花粉就轻松地落在雌蕊的柱头上,这就是典型的自花传粉。雌蕊下面是略为膨大的子房,这是被子植物孕育种子的器官。但受精后的花生子房怕光,非要落到黑暗的地里才能生长结果,因此得名"落花生",语文五年级上册有篇课文就叫《落花生》。

花生——地上蝶形花,果实生地下

由于花生有这样的"怪脾气",所以特别适合在疏松肥沃的沙质土中生长,那样才容易让花生钻入地下。

七 长在地里的宝贝

花生是如何钻入地下的?

花生一般在清晨开花,中午就凋谢。傍晚时花和花萼脱落,只剩下绿色的子房柄。随后,子房柄逐渐向下弯曲生长,尖端变得又硬又尖,形成一个锥状的保护帽,就像缝衣服的针一样,人们形象地称之为"果针",就是它钻开土壤把子房平安送入地下的。子房被推入土中3～10厘米时,依靠长出的茸毛吸收一部分水分和养料,慢慢地肥大起来,大概两个月后我们就能收获花生啦!如果你仔细观察就会发现,花生的果实不是长在根上,而是与茎相连的。

花生"落花生果"——"针"落地,才"结果"

既可当主食又可当蔬菜的土豆也是长在地里的,难道它也是像花生一样钻到地下结果实吗?

土豆是根还是果实？

土豆又名马铃薯，马铃薯既不是根也不是果实，它是植物茎的变态，叫块茎。植物学上的"变态"是指一些植物由于功能改变所引起的器官结构和形态的变化。

土豆植株的茎分为地上茎、地下茎、匍匐茎和块茎。地上茎和一般植物的茎一样，用于支持叶、花、果实和种子，同时承担运输营养物质的重任。与地上茎相连的地下茎很短，其分支向土中生长并吸收营养的成分为匍匐茎，匍匐茎先端的营养积累多了就膨大成上面有芽眼的球状块茎。

虽然土豆有种子，但用种子种出来的土豆不仅长得小、产量低，品质还不稳定，所以人们通常用土豆的块茎来繁殖。把土豆按芽眼切成块状垄播，三个月左右就可以成熟了。值得注意的是，由于发芽土豆中龙葵素的含量过多，如果食用会导致中毒。

土豆生土豆，长在地里头

既然土豆不是果实，那它的果实在哪里呢？

七　长在地里的宝贝

你见过土豆的果实吗？

土豆开花，朴实无华

很多小朋友都没见过土豆的果实吧？其实这也不能怪你们，土豆开花后结出的果实就像没有成熟的小番茄，就算成熟了它也不会变红，不仅不能吃，还会与地下茎争夺植株的养分。为了获得更多更大的土豆，人们通常会在果实未成熟时就将其摘掉了。

土豆果实，毒不可食

> 除了土豆，同样长在地里，既可作为主食又可作为蔬菜的还有山药。

山药是根还是茎？

我国是世界上最早进行山药人工栽培的国家，"山药"这个名字还经历了两场风波呢。山药原名叫"薯蓣（shǔ yù）"，因避讳唐代宗李豫的名字改为"薯药"，后又因避讳宋英宗赵曙的名字改为"山药"。虽然山药本身不是药，但晒干后却是一味中药。这样看来，称它为"药"也不为过。

山药是一种缠绕生长的草质藤本植物，地上部分起攀缘作用的茎蔓是山药真正的茎。而肉质肥厚的食用部分是由茎蔓的先端膨大而成的，也是一种地下的变态茎，又叫根状茎，在地下垂直生长，长可达1米。上面的毛毛是山药的须根，能够吸收土壤中的水分和营养。山药下端真正的根系深度可达数十厘米，人们通常是见不到的。

地上爬架子

地下育"宝贝"

> 山药除了地上的茎叶和地下的变态茎外，它的花、果实和种子你见过吗？

七 长在地里的宝贝

山药如何繁殖？

山药栽子，可当"种子"

山药的花很小，在热带地区才结籽，所以很难见到它的果实和种子。人们通常用山药块茎茎端带有潜伏芽的一段"山药栽子"进行繁殖，但"山药栽子"用了几年之后也会出现退化，所以，一般每隔3～4年需利用山药豆来培养山药种苗。

山药豆又称零余子，是山药茎上的腋芽积累营养膨大后形成的珠芽。山药豆也是一种变态茎，虽然也可以用它来进行无性繁殖，但它并不像黄豆、绿豆那样是植物的种子。所以，山药豆与山药是兄弟关系，一个是地上块茎，一个是地下块茎，而且都是很有营养的天然食品。

小小山药豆，可食可繁殖

既然地上地下一脉相承，那些不同的地下宝贝也应该有不同的地上风采吧。

看地上植株，猜地下"宝贝"

"青竹竿，顶圆伞，凉伞脚下一窝蛋。"你猜这是什么？对了，是芋头。芋头叶和荷叶乍一看很相像，但荷叶是圆的，而芋头叶是椭圆形的；荷叶从水里长出，而芋头叶下是泥土。

芋头叶，似荷叶

"外皮红又黑，肉白甜又脆，长在泥地里，生来不怕水。"谜底是荸荠。荸荠长在水中，植株长得与水稻相似，直立丛生的圆柱形茎秆是一种叶状茎，可代替叶片进行光合作用。

荸荠田，似稻田

"一个黄妈妈，一生手段辣，老来愈厉害，小孩最怕她。"谜底就是生姜。生姜的叶子和竹叶很像，茎秆也是一节一节的，只是比较细。

生姜叶，像竹叶

芋头、荸荠、生姜的地上部分各具特色，地下部分也各不相同。

芋头、荸荠、生姜有何异同？

芋头、荸荠和生姜在植物分类上并没有亲缘关系，只是长得像"一家人"。那一圈一圈的痕迹，表明它们是分节的，而分节正是茎的特征之一，所以它们是变态茎。芋头和荸荠圆头圆脑的，是球茎；生姜的样子呈不规则的掌状，是根状茎。这些变态茎均可生根发芽，但它们的"脾气"却不一样。

芋头吃起来香甜软糯，含有一种其他食物很少有的黏性蛋白，在增强体质方面具有独特的作用和功效。

芋头

荸荠

荸荠外形像马蹄，故又得名"马蹄"。别看它紫红色的外表其貌不扬，但"内心"却白嫩多汁、甜脆可口，有"地下雪梨"之美誉。

生姜含有的辣味物质主要是姜辣素，具有加速血液循环、促进肠胃蠕动等功能。嫩姜皮薄辣味淡，老姜皮厚辣味浓，难怪有"姜还是老的辣"的说法呢。

生姜

说完生姜的辣，还有两位长在地下的"辣妹"，它们是谁呢？

大蒜和洋葱是植物的什么器官？

无论是"兄弟七八个，挨着排排坐"的大蒜、还是"万层片片泪珠沾"的洋葱，都是变态茎，但它们既不是块茎，也不是球茎，而是鳞茎。大蒜头上的小鳞茎就是通常说的蒜瓣，洋葱的食用的部分也是鳞茎，是洋葱的变态茎。

大蒜

洋葱

洋葱和大蒜都很容易发芽，洋葱发芽后长出的洋葱苗是它的叶子，与葱叶非常相似。大蒜发芽长出蒜苗，等到新蒜成熟后，蒜薹就会从植株的中间长出来，这是花茎，顶端的总苞内含发育不全的花序。蒜薹成熟后，薹苞会继续生长，最终开花结种子。

大蒜抽薹，美味蔬菜

大蒜和洋葱都是用种子繁殖吗？

七　长在地里的宝贝

大蒜和洋葱如何繁殖？

用大蒜种子繁殖大蒜容易变异，无法保证产量和品质，所以人们通常用大蒜的蒜瓣（鳞茎）进行无性繁殖。只要把蒜瓣放到水中或土里就能长出新的大蒜植株，操作简便。

大蒜生大蒜，克隆看得见

洋葱通常用种子繁殖，但没有种子时也可以用洋葱头（鳞茎）进行无性来繁殖。将洋葱头切下，晾干后切面朝上埋进土里，保持适宜的条件。一周后，就能看到洋葱头发芽了。

种子生洋葱，需要用新种

洋葱生洋葱，种植很轻松

"紫红藤，地上爬，藤上长绿叶，地下结红瓜。"这是哪种地下宝贝呢？是地瓜还是红薯？

83

地瓜和红薯有什么区别？

地瓜在北方地区指红薯，又称番薯、甘薯、山芋、红苕等，表皮颜色为红色或黄色，内部多为白色或黄色，适合蒸煮和煎烤，口感香甜软糯。甘薯和紫皮的紫薯都属于番薯属。

而南方地区的地瓜指豆薯，又称凉薯，是一种豆科植物，属豆薯属，外形像个大陀螺，表皮为淡黄色，可以用手剥掉，口感清甜香脆。所以地瓜可能是红薯，也可能是豆薯。

甘薯　　　　　　　　紫薯

豆薯

红薯和豆薯是植物的什么器官呢？

红薯和豆薯都是变态茎吗？

虽然红薯、豆薯和马铃薯名字中都有"薯"，但红薯是由侧根或藤上的不定根发育而成的块根，每株可以有许多个。而豆薯主要是由主根发育而成的肥大直根，每株通常仅一个。红薯的花形似牵牛花，像一个个小喇叭，花、茎、叶均可食用；而豆薯花是蝶形花，能结豆荚，但豆薯的茎、叶及种子有毒，不能食用。

虽然马铃薯是茎，红薯是根，但红薯的种植方法却与马铃薯相似。红薯发芽后，可按照芽眼切成块状进行播种。也可以通过剪取红薯秧进行扦插繁殖。

红薯侧生根

豆薯主生根

> 还记得语文一年级上册的《拔萝卜》和三年级上册的《胡萝卜先生的长胡子》吗？关于萝卜和胡萝卜，你了解多少呢？

萝卜是植物的根吗？

萝卜是由植物的主根发育而成的粗大单一的肉质直根，用于储存营养。第二年春天，萝卜用这些养分抽薹、开花、结种，萝卜用这些养分来抽薹、开花、结种，这时萝卜会因糖分消耗而糠心。虽然理论上也可以用此变态根繁殖，但人们通常用萝卜种子或者培育好的萝卜苗繁殖。

萝卜开花，留种传代

萝卜繁衍，留种保险

我和白萝卜是"青青白白"的一家人。

我是根红叶细的"局外人"。

青萝卜　　白萝卜　　胡萝卜

其实，胡萝卜并不属于萝卜家族，外观上即有差别。因其营养丰富，被人们称为"小人参"。你知道真正的人参长什么样吗？

人参为何如此珍贵？

人参是多年生的草本植物，肥大的根上常有分叉，看上去有脖子有脑袋、有胳膊有腿儿，形似人身，故称为"人参"。它具有补气强身等多种功效，是一味珍贵的中药材。

野生人参营养成分相对较高，但由于人参对生长环境的要求十分严格，喜阴喜弱光，怕涝怕直晒，只能生长在温带寒凉有阳光斜照的山坡上，所以野生人参比较稀有。人工栽培的人参通常三年开花，人参花和红色的人参果实同样具有药用价值。

别看我是个"草根"，关键时刻还能救命呢！

人参草，是个宝

结语

在大地母亲的怀抱中,藏着无数人类珍视的宝贝。它们虽然其貌不扬,却为了生存和繁衍,在无人注视之处用脚踏实地的坚韧和努力创造着自己的价值,为人类带来了无尽的滋养和美味,让人们在平凡的事物中感受到生命的活力和美好。它们带给我们的启示,正如许地山在《落花生》中所写的那样:"人要做有用的人,不要做只讲体面而对别人没有好处的人。"

八 硕果飘香

秋风送爽，硕果飘香。来到超市，你会看到各种各样的水果，除了苹果、桃、梨等常见的水果之外，还有许多在南方种植的水果，如荔枝、火龙果、波罗蜜等。你知道它们是怎么长出来的吗？你想了解它们的故事吗？接下来，请跟随我一起进入这个新鲜、缤纷、活力四射的水果世界吧，来一次"从舌头、眼睛到心灵"的全方位旅行，你准备好了吗？

杨桃为什么长成这模样？

杨桃又名洋桃或阳桃，原产于南亚和东南亚，那里的阳光慷慨大方，源源不断地滋养着枝头的花与果，从春末开花一直持续到秋季结果，在娇嫩的花瓣中，孕育出这枚自带仙气的星星般耀眼的闪亮水果。

在语文二年级下册《画杨桃》这篇课文里，为什么"我"把杨桃画成了五角星？其实这与杨桃的模样脱不了干系。从不同的角度看杨桃，杨桃有不同的模样：竖着放像旋转的门，横着放像一个惊讶时张大的嘴巴，从顶端看就像一个五角星。

杨桃树上，果实多样

> 杨桃之所以长成这模样，完全是因为一个叫"心皮"的家伙在作怪。

八 硕果飘香

心皮是什么？如何作怪？

心皮是个"淘气鬼"，追本溯源，它原本只是片叶子，却又不甘心做一片叶子，天天想着怎样才能搬到花朵里去。花朵可不是随随便便就能进来的，但这片机灵的叶子自有妙招，改名换姓并摇身一变成了心皮，还让自己具有了生殖功能，这样的"人才"，花朵当然不会错过，立马敞开大门，心皮便轻松进入花朵里。随后，心皮占据了花朵最中心的位置，并卷合形成子房、花柱和柱头。

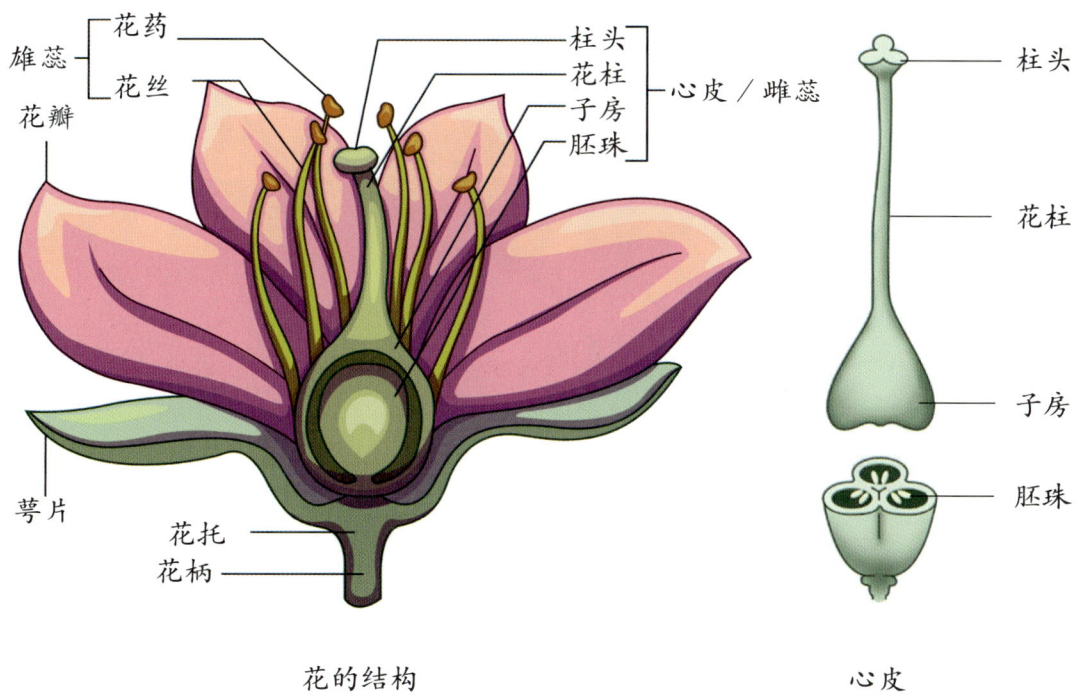

花的结构　　　　　　心皮

雌蕊可以由一枚、两枚或多枚心皮构成，心皮中的胚珠就是种子的前身。桃子的雌蕊只有一个心皮，三棱香蕉的雌蕊有三个心皮，而五角星般的杨桃则是在五个心皮的共同创作下完成的。

名字中有"桃"的杨桃与桃是一家吗？

杨桃是桃吗？

蔷薇科桃属的植物才是桃，比如水蜜桃、油桃、蟠桃、黄桃等，而杨桃是酢浆草科杨桃属的植物，所以两者的亲缘关系非常远。

你见过《植物大战僵尸》里的"星星果"吗？现在，你一定知道了它就是杨桃。是不是和课文中"我"画的杨桃特别像呢？

除了杨桃，还有一些水果名字里也有"桃"，但它们都是桃吗？

八 硕果飘香

猕猴桃是桃吗？长在哪里？

猕猴桃不是桃，它是原产于我国中部、南部至西南部的一种野生浆果，因猕猴喜欢吃，亦因其果皮覆毛、貌似猕猴而得名。后来有一位新西兰人将猕猴桃的种子带回国，并将这种长得像奇异鸟的水果叫作"奇异果"。奇异果是猕猴桃的人工选育品种，表皮光滑无毛，一般在硬的时候就可以吃了，而猕猴桃表面有不均匀的茸毛，要在熟透的情况下才好吃。

两兄弟，两产地，风味也相异。

猕猴桃　　　　　　　　　　　　奇异果

猕猴爬树，猕猴桃爬藤

猕猴桃的果实既不结在树上也不结在地上，而是像葡萄一样结在藤蔓上。它是一种多年生木质藤本植物，茎一般叫藤。那些茎没有木质化的水果，如西瓜、甜瓜、哈密瓜等则属于草质藤本植物，它们的茎一般叫秧。

同样好吃的樱桃则长在树上。

课本里的科学　植物天地

樱桃好吃树难栽？

俗话说："樱桃好吃树难栽。"其实这句话并不是说樱桃树难栽，而是指樱桃树对生长环境要求较高。樱桃树对温度、水分等条件较为敏感，通过现代科技获得的改良品种，已在抗寒、抗旱和抗病虫害方面有了提高。

在各种水果中，樱桃的上市时间比较早，所以被称为"早春第一果"。它皮薄汁多，晶莹剔透，酸甜可口，是水果界娇贵的"小公主"。但樱桃不易保存，如果遇到阴雨天气，果实非常容易腐烂，而且果实在生长期还会受到鸟儿的关注，等到成熟后可能就所剩无几了，所以也有人说"樱桃好吃熟难摘"。

满树红樱桃，玲珑如玛瑙

和樱桃长得很像的车厘子你吃过吗？

车厘子就是樱桃吗?

车厘子是来自欧洲的甜樱桃,它的英文名是"Cherries",音译就是车厘子。广义上的樱桃包括中国樱桃和欧洲甜樱桃(车厘子)。可以说车厘子就是樱桃,只是通常所说的樱桃指中国樱桃,车厘子则指从国外引进的那种个头更大、皮更厚、更易保存的樱桃。

车厘子种植园,美丽乡村画卷

> 初春看樱花,初夏吃樱桃。樱桃是樱花凋谢以后结出的果实吗?

樱桃树开的花是樱花吗？

当然不是！樱花和樱桃都是蔷薇科植物，二者亲缘关系很近，但不是同一种植物。樱桃以食果为主。开的花叫樱桃花，白色或淡粉色的五瓣小花，一簇一簇的，花落之后结出的果子就是樱桃。

樱桃花淡，果实甘甜

樱花是著名的观赏花卉，以观花为主。花朵直径较樱桃花大，花瓣多为白色、粉红色或红色。有些白色单瓣、先端有缺口的早樱可结非常小的果，但入口很涩，不能食用。有些粉色或红色重瓣、先端有缺口的晚樱多半不能结果。

樱花多彩，花瓣多态

相比之下，青梅树上酸酸的青梅和杨梅树上酸甜的杨梅都是可以食用的亚热带水果。

"望梅止渴"的"梅"是哪种梅？

这里的梅子是青梅，又称果梅或酸梅，果实青绿色，成熟后会变成黄色。语文三年级下册南宋诗人曾几的《三衢道中》"梅子黄时日日晴，小溪泛尽却山行"以及语文四年级下册南宋诗人范成大的《四时田园杂诗（其二十五）》"梅子金黄杏子肥，麦花雪白菜花稀"中描写的正是青梅黄熟后江南初夏的美景。

暮春时节，满树青梅

"梅雨季节"中的"梅"指的是青梅，因青梅的黄熟期与南方的连阴雨天更为吻合，而此时的杨梅却是由绿变黄再变成红色。

杨梅和青梅有什么不同？

杨梅没有果皮的包裹，外面是一层类似软毛的细小球状物，果肉里面虽然有籽，但是比较小也比较软，而青梅是有果皮直接包裹的，果肉中的核也是比较大的。

我国浙江的杨梅栽培面积最大，质量最优，其中仙居县就是举世闻名的"杨梅之乡"，正所谓"世界杨梅在中国，中国杨梅出浙江，浙江杨梅数仙居"。

语文三年级上册《我爱故乡的杨梅》这篇文章描写了杨梅给人们舌尖上带来的酸爽体验。

杨梅　　　　　　　　　　青梅

不过，你吃杨梅时会担心有虫子吗？

八 硕果飘香

听说，杨梅里有虫子？

甘酸适口的杨梅，不仅我们爱吃，虫子也爱吃，而且杨梅不像橙、柑橘等水果那样，外层有果皮的保护。

杨梅成熟时的香甜气味会吸引果蝇在杨梅表面产卵，孵化出来的幼虫就会钻到果肉里。由于这些白色的果蝇幼虫从出生到长大都在杨梅这个无污染的环境中，所以不会携带对人体有害的病原菌，就算吃到肚子里，也不可能在胃酸的环境中"安营扎寨"。尽管如此，吃到虫子总免不了感到恶心，这时只要用盐水将杨梅浸泡 15 分钟左右就能把果蝇幼虫赶出来了。

杨梅酸甜，果蝇易钻

水果中除了有"梅"，还有"莓"，你知道它们之间的区别吗？

蓝莓是梅吗？长在哪里？

蓝莓是"莓"不是"梅"。"莓"和"梅"除了读音一样,就没别的关系了。"梅"的部首是"木",所以有"梅"字的植物大都是乔木。"莓"的部首是"艹",多指一些草本植物如草莓、蛇莓等,或小灌木如山莓、刺莓、蓝莓等。

蓝莓的英文是"blueberry",意为"蓝色浆果"。野生蓝莓起源于北美,是一种低矮灌木,果实比较小,虽然口感酸涩,但花青素含量却远远高于人工培育的蓝莓。

野生蓝莓小而酸

人工培育的蓝莓植株更高大,结的果实也比较大,果肉饱满,口感更佳,被誉为"浆果之王"。蓝莓中含有的一些特殊成分对身体还大有好处呢。

八　硕果飘香

蓝莓表面的"农药"怎么洗不掉？

吃蓝莓时你会发现蓝莓表面有一层白色的"霜"，这是不是农药呢？答案是否定的。这层"白霜"有一个可爱的名字叫蓝莓果粉，是蓝莓在生长过程中自然产生的。蓝莓果粉含有丰富的营养成分，而且对蓝莓果实起到保护作用。既可减少水分的蒸发又能防止病原菌的侵染，蓝莓果粉越多，表示蓝莓越新鲜。所以，我们吃蓝莓的时候只要将表面的灰尘冲干净就可以了。

人工蓝莓大而甜

> 蓝莓中含有一种能把牙齿或舌头染蓝的花青素，它是构成花瓣和果实颜色的主要色素之一，能消除眼睛疲劳、保护皮肤、抗衰老等。这样看来，颜色鲜艳的草莓中，花青素含量也一定不少。

草莓和蓝莓是"一家"吗？

草莓和蓝莓虽然都有一个"莓"字，但是它俩可没什么亲缘关系。草莓和苹果、梨、桃这些水果都来自蔷薇科家族，不过草莓并不像它的"亲戚"们那样有着高大的树干，它是草本植物，只有细细矮矮的茎秆，不仅如此，它的果实还很有特色呢！

一个草莓就是一个果实吗？不是。草莓表面芝麻样的一个个种子与周围的果肉组成了一个个小果，连在一起就是一个草莓，叫"聚合果"。

草莓果，聚合果

> 难道草莓就是用它表面的小种子种出来的吗？

草莓用什么繁殖？

虽然一个草莓上面就有很多种子，但由于用种子繁殖成苗率低，而且很难保持原有品种的特性，所以人们很少用草莓的种子繁殖，而是用那些细细长长、贴着地面生长的草莓匍匐茎上长出的草莓苗来繁殖草莓。与杨梅不同的是，采回家或买回来的草莓如果表面没有破损的话，有果蝇幼虫的概率为零，但最好也用盐水泡泡以去除表面的灰尘和微生物。

茎伏地，再生莓

> 对某些水果来说，盐水处理的作用远不止这些。

吃菠萝前为什么要用盐水泡？

菠萝是水果界的"时尚达人"，它造型别致，头顶"爆炸头"，身穿酷酷的黄色外衣，上面布满小刺，这身装扮让动物们无从下口，是菠萝保护自己的手段。

菠萝还在体内积累了菠萝蛋白酶这个"捣蛋鬼"，这种酶能分解蛋白质，对口腔黏膜和嘴唇的娇嫩表皮会有刺激。如今，很多菠萝品种经过改良，菠萝蛋白酶含量大大降低，就算直接食用也不会造成明显的不适了。

菠萝又名凤梨，绿叶形似凤尾

你在吃菠萝的时候有没有发现一个奇怪的现象：怎么没看到菠萝的种子呢？

八　硕果飘香

菠萝有种子吗？它长在哪里？

菠萝不能自花传粉，所以在自然状态下种出来的同品种菠萝不会产生种子。但不同品种的菠萝之间通过异花传粉可以获得种子。不过由于种子繁殖效率低，且优良的性状无法保持，所以在实际生产中多采用芽苗进行无性繁殖。吃菠萝前切下菠萝头，晾放至切口干燥后，置于盛水容器的上方并贴近水面，待底部长出约 1 厘米的根系时即可移植到花盆中。因此，菠萝不是长在树上，而是长在矮小的叶丛中，高度一般在 1 米以下。茎从叶子中间笔直伸出，在顶端开花结果。

植株接地气，无种结果实

> 与满身"盔甲"的菠萝相比，身形"柔弱"的香蕉也是这样繁衍后代的吗？

课本里的科学　植物天地

香蕉也没有种子吗？

原始的香蕉是有种子的，种子镶嵌在果肉里，又大又多，吃起来很不方便。于是，科学家们培育出了没有种子的香蕉，这就是我们日常生活中食用的香蕉。

细心的小朋友可能会发现，香蕉里面有褐色的小点，其实那就是已经退化的香蕉种子残留的痕迹。食用香蕉没有种子，所以没有繁殖能力，这与无籽西瓜的原理相似。

香蕉通常是采用吸芽繁殖、块茎繁殖以及分株繁殖等无性繁殖的方法来进行大规模种植。

有种子的香蕉没人爱

无种子的香蕉人人爱

在亚热带及热带地区，香蕉一年四季都有成熟期，它长在哪里呢？

八　硕果飘香

香蕉长在树上吗？

虽然"香蕉树"长得像树一样高大，但其实不是树，而是一种芭蕉科草本植物。它的茎是软的，是由卷起来的叶柄紧密重叠形成的假茎。有趣的是，一组一组挂在植株上的香蕉刚开始结果时，底托在上，尖端朝下指向地面；果实成熟时刚好倒过来，变成了底托在下，尖端朝上指向天空。香蕉的英文名叫"banana"，意为"弯弯的大鼻子"，真是既生动又形象。

成长中面朝大地，成熟时心向阳光

> 虽然我们食用的香蕉和菠萝没有种子，却都是有花植物，但无花果就有点特别了。

无花果真的没有花吗？

无花果"看似无花却有花"，它像个谦虚害羞的小姑娘，把花藏起来了。藏到哪儿去了呢？如果把无花果切开就会发现里面有很多丝状的东西，那其实就是它的花。实际上，无花果是由许多小果组成的复合果，每个小果包含一颗种子，这些小颗粒就藏在由花托发育而来的"果皮"里面，所以无花果整体上可称为"隐花果"。

无花果，隐花果

紫衣其外，花序其中

> 有的植物，花不藏起来，却只有在晚上才开放，除了之前介绍过的昙花，火龙果的花也是在晚上开放的。

八　硕果飘香

你见过火龙果的花吗？

　　火龙果的外皮是红色的，但它的花是白色的，直径可达 30 厘米，堪称"霸王花"，而且也是在晚上开放，一直持续到第二天上午，中午时分开始凋零。这一开花习性与其原产于热带沙漠地区有关。由于白天气温太高，火龙果只能在夜间不太热的时候开花授粉以确保繁衍，经过长期的生物适应性进化，它就变成了现在的"夜猫子"，开花后结出的果实就是火龙果。

火龙果花开，为暮色添彩

　　在自然界中，开白花结红果的植物可真不少，火龙果就是其中之一，它的得名也与其果实有关。

为什么叫火龙果呢？

火龙果外皮是红色的，看上去就像一团燃烧的火球，头上还顶着一团青色的"火焰"，外皮上的尖角就像龙身上的鳞片，所以叫它"火龙果"还真是名副其实。常见的火龙果品种包括白心火龙果和

白心火龙果

红心火龙果

红心火龙果。无论哪个品种，都含有许多像"黑芝麻"一样的籽。所以火龙果与猕猴桃、草莓和石榴一样，都属于"多籽"的水果。

但直接用火龙果种子播种并不常见，通常采用扦插、嫁接等无性繁殖方式。火龙果属仙人掌科植物，叶子退化为刺状，果实就结在那带刺的变态茎上。产果期主要在每年的 4 月至 11 月。

火龙果树——茎似仙人棍，结满红果实

> 火龙果的名字生动形象，但有些水果的名字就让人"丈二和尚摸不着头脑"了。

八 硕果飘香

波罗蜜和菠萝有关系吗？

波罗蜜听名字像菠萝，但它是"波罗"而不是"菠萝"。波罗蜜由印度传入中国，与佛教文化息息相关，最初被译成"波罗密多"，后来把"多"省掉，称为"波罗密"，因其果实甘甜，便把"密"改写为"蜜"，成为今天的"波罗蜜"。

菠萝由南美洲传入中国，与波罗蜜表皮密密麻麻的小圆刺不同，菠萝表皮有许多六角形的结痂和果刺，很像佛像或菩萨头发的螺髻，简称"波罗"，后来被人们加上草字头，写作"菠萝"，表示它是植物。波罗蜜是桑科乔木，而菠萝是凤梨科草本植物，两者是两种完全不同的水果。

波罗蜜

菠萝

其实，从外形上容易混淆的是波罗蜜和榴莲。

波罗蜜和榴莲的较量

波罗蜜和榴莲都是典型的热带水果，但波罗蜜形似大冬瓜，皮似鳄鱼皮，切开有黏液，肚里黄灿灿的果肉浓香味美，深受人们喜爱。而榴莲果皮坚实，密生三角形小钉，切开没有黏液，几大块黄色柔软果肉的味道也常引来争议，有的人说它"臭"不可闻，而有的人喜爱它独特的"香"，这是为什么呢？

其实，榴莲并不臭，只是香味太浓了，它是由 50 多种香气物质组成的，由于不同的人嗅觉感受器不一，所以闻到的气味是不一样的。

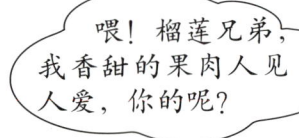

波罗蜜——热带水果皇后　　　　　榴莲——热带水果之王

波罗蜜是世界上最大、最重的水果，榴莲虽然个头比波罗蜜小，但仍然是水果中的"重量级选手"。

八 硕果飘香

这么重的家伙，应该长在地上吧？

　　成熟后的波罗蜜一般在 5～20 千克，而榴莲一般在 2.5 千克左右，这么重的水果当然是待在地面上比较踏实，但它们一点儿也不自觉，就是要长在树上。

　　榴莲和波罗蜜从开花到结果大约都需要 6 个月的时间。成熟后的榴莲必须自然成熟跌落，果肉才会软糯丝滑。而波罗蜜是典型的后熟水果，可以提前采摘，通过后熟过程延长储运期。

榴莲树，百果树

波罗蜜果，挂满树干

　　一般情况下，水果成熟后会落到地上，在适宜的条件下生根发芽，长出新的果树，这也是大自然不断生息繁衍的规律。

课本里的科学　植物天地

看！椰子掉进海里了

长在海边的椰子树往往会向海边倾斜，这是因为靠海边的土壤更容易被海水冲松，使得椰树根部向含水量较多的海边土壤延伸，同时分泌激素，刺激树冠也向海边倾斜。这样椰子成熟后就会落到海中，随着海水漂向新的家园。

当然了，椰子是可以采摘的，刚刚成熟的椰子是青绿色或黄色的，壳里的椰汁甘甜爽口。等到椰子变成棕褐色并长出纤维毛时，就是老椰子了，这时硬壳里椰汁不多，更多的是椰肉。

大海啊，故乡！是我生长的地方。

海边的椰子树，繁衍有去处

喜欢喝椰汁的你，是否想过椰汁对椰子自身繁衍的作用呢？

八 硕果飘香

椰子繁衍的秘密

　　椰子坚硬的外壳就像"护身符"一样，保护着自己既不被小动物吃掉，也不被海水侵蚀。藏在果腔中的椰汁为椰子的生长发育提供所需要的各种营养物质。不过椰子壳那么硬，芽从哪里长出来呢？

温湿俱佳，椰子发芽

　　如果你仔细观察就会发现，椰子的顶部有三个呈三角形排列的萌发孔。其中一个最薄弱的叫"真眼"，椰子的芽就是从这里长出来的，喝椰汁时的吸管也是从这里插进去的。其他两个萌发孔则相对退化，被称为"假眼"。

三只眼，必有一真眼

　　椰子的繁衍真是别开生面，其实，"瓜熟蒂落"在自然界随处可见。

咕咚！又有谁掉下来了？

还记得语文一年级下册学过的课文《咕咚》吗？一个熟了的木瓜从高高的树上掉进湖里，咕咚！

我国传统的木瓜叫作"宣木瓜"，对人体有不少好处，还曾被列为贡品，但口感较差，不是酸就是涩。后来，国外的一种木瓜被引进中国，因其软甜可口而广受欢迎。这种引进的木瓜被称为"番木瓜"，现在我们吃的木瓜大多是番木瓜，而宣木瓜就作为中药来用了。

宣木瓜　　　　　　　　　番木瓜

《诗经·卫风·木瓜》中写道："投我以木瓜，报之以琼琚。"句中的"木瓜"以及该诗中提到的"木桃""木李"是同属植物，它们之间的关系大致就像橘、柑、橙那样，既有相似又有不同。

你对错综复杂的"柑橘大家族"又了解多少呢？

八　硕果飘香

这些水果把你绕晕了吗？

橘子、橙子、柚子、柠檬，这些水果你能分清吗？其实，它们都来自一个家族。在常见的水果家族中，很难有比柑橘家族更复杂的了。总结一下就是：柚子和橘子杂交，结出了橙子；橙子和橘子杂交，结出了柑橘；柚子和橙子杂交，结出了葡萄柚；橙子和香橼杂交，结出了柠檬。怎么样，是不是把你绕晕了？

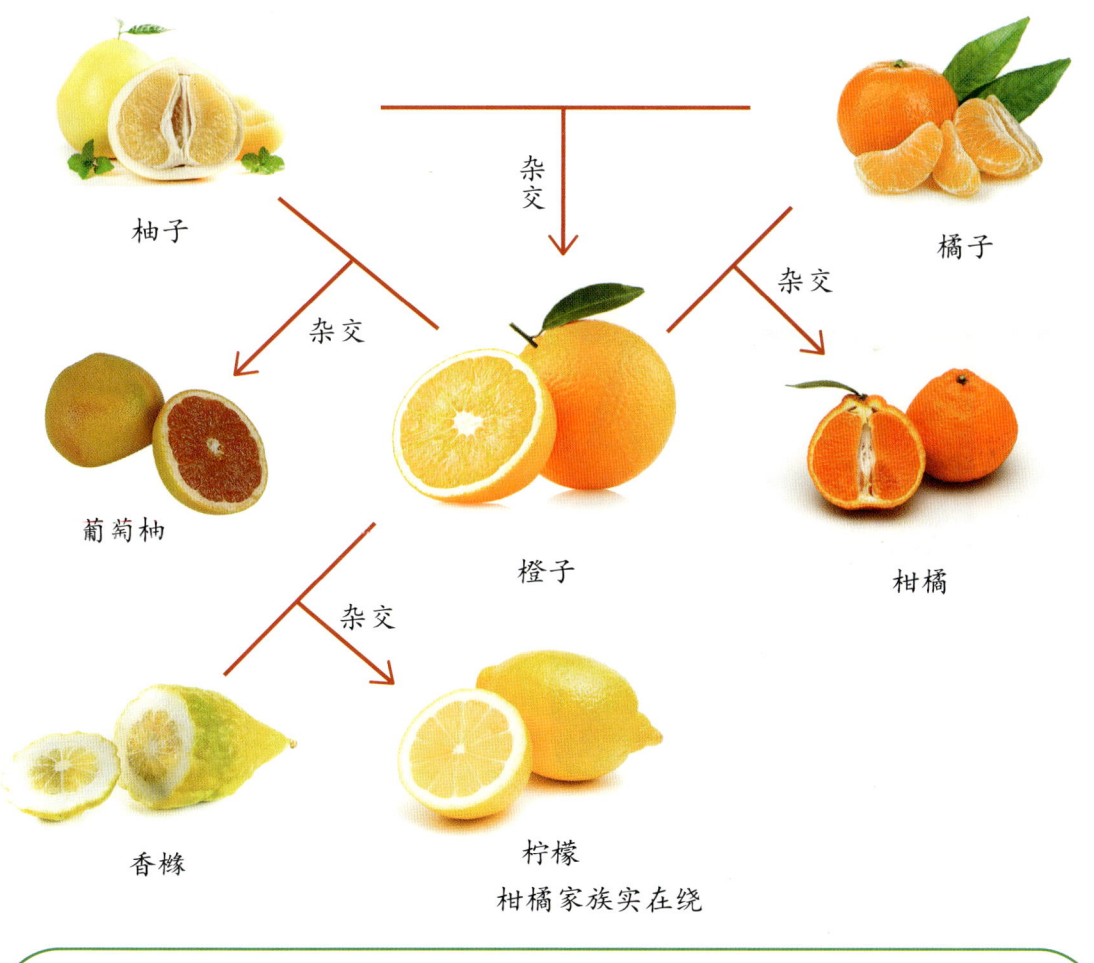

柑橘家族实在绕

接下来的"宝藏水果"枇杷不会再把你绕晕了吧？

枇杷不是琵琶，琵琶就是枇杷！

听起来有些不可思议吧？但这的确是事实，琵琶和枇杷原本是一回事。

琵琶本是游牧民族的乐器，最初确实叫"枇杷"，但与水果没有关系。后来，人们把一种叶子形状与这种乐器类似的水果也称作"枇杷"。到了汉朝末年，人们专门用"琵琶"这个名词来称呼这种乐器，而"枇杷"则成了水果的名字。所以，语文五年级下册阅读材料中把"枇杷"错写成"琵琶"就成了笑谈。

与大部分果树不同，枇杷在秋天或初冬开花，果实在春天至初夏成熟。但咳嗽时喝的枇杷露或枇杷膏用的并不是枇杷的果实，而是枇杷的叶子。

枇杷果好吃，琵琶声好听

成熟后的枇杷果色泽鲜艳、味道甜美，是当仁不让的果中珍品，就连苏轼在《食荔枝》这首诗里都提到了它。

卢橘是橘子吗？

"罗浮山下四时春，卢橘杨梅次第新。日啖荔枝三百颗，不辞长作岭南人。"提起苏轼这首诗，首先想到的是荔枝，其实这也是写枇杷最有名的一首诗了。等等，哪里有枇杷？卢橘啊！不过关于这个别称，一直有争议，比如苏东坡认为卢橘是枇杷，而李时珍则认为卢橘是金橘。无论是枇杷还是金橘，都是美味而又有食疗作用的水果。

金橘——皮肉难分，香气悦人

不过，有些人更喜欢吃荔枝。

荔枝虽好，可不能贪吃哟！

荔枝在唐代就有"百果之王"的美誉，杨贵妃爱吃荔枝几乎是尽人皆知。唐代文学家杜牧在《过华清宫》中描写的"一骑红尘妃子笑，无人知是荔枝来"，便是此番情景。

荔枝古称离枝，意味着一离开枝头就吃，不宜久放。但如果空腹进食大量荔枝，有可能出现头晕、乏力、出汗、腹痛等症状，甚至会昏迷、抽搐甚至死亡，所以大家吃荔枝时还是要适当节制一下。

南州六月荔枝丹

美美地吃完了果肉，你对荔枝的果实是否充满了好奇呢？

植物为什么结果实？

植物产生这么多的果实难道就是为了被人们吃掉吗？没错，这确实是原因之一。植物把大部分营养留给果实，让它们长得漂漂亮亮来吸引小动物以及人类吃掉它。大的像荔枝的种子，被我们吐到地上其实就是在帮助植物传播了种子；小的像西瓜的种子，如果不小心被我们吃到肚子里，最终会随粪便一起排了出来，也帮助植物传播了种子。语文二年级上册《植物妈妈有办法》里的石榴妈妈同样采取了这个策略。

小鸟吃果子，帮助传种子

当然，植物产生果实也是为了保护它的种子，比如说荔枝黑色的种子位于最中央，外面有厚厚的果肉包裹，果肉可为种子的最初成长提供养分，果肉外面还有一层外果皮保护，真可谓是"层层防护"。

结语

　　从一颗种子到一树硕果，经历了漫长的岁月和无数的挑战；从色泽鲜艳的草莓到口感独特的榴莲，从酸甜可口的菠萝到娇艳欲滴的樱桃，每一种水果都有其独特的风味和营养价值。这种美味不仅让人们感受到大自然的馈赠，更享受到生活的美好。其实，植物开花、结果就像人类抚育宝宝一样不易，我们要爱护自然，珍爱生命，如果你愿意自己动手种植一些易养的果树，那一定会感到别有一番风味。

九 植物与食物

植物是大自然的生产者，它怀有一项"生存绝技"——靠"光"吃饭！但植物也觉得仅吸收光确实有些单调，便直截了当地从土壤中吸收了水，从空气中吸收了二氧化碳，制造的营养物质除了让自己得以生长发育之外，也喂养了地球上的万千生灵。

无论是植物的根、茎、叶、花、果实还是种子，都能成为我们的食物来源。让我们一起走进这绚烂多彩的"食物森林"看看吧！

"五谷"是什么？

"五谷"通常指稻、麦、黍（shǔ）、稷（jì）、菽（shū），但也有的说是麻、黍、稷、麦、菽。总之，现在所说的五谷只是一个约定俗成的称呼，泛指粮食类作物。《论语》有云"四体不勤，五谷不分"，你能区分"五谷"吗？

"五谷"中最为人熟悉的想必就是稻和麦了。稻是我国的主要粮食作物，大米就是由水稻加工而来的。稻谷由谷壳、果皮、种皮、胚和胚乳组成，脱去最外层的谷壳即得糙米，再经加工碾去皮层和胚，留下的胚乳即为食用的

你或许没见过我的稻穗，但你绝对品尝过我的胚乳——大米。

水稻和大米

大米。

麦是我国北方地区重要的粮食作物，有小麦、大麦、黑麦、燕麦等。我们常吃的面粉是由小麦加工而成的，而大麦一般用来酿造啤酒或用作饲料。怎么区分大麦和小麦呢？

大麦的收获期比小麦早，麦芒细而长，麦穗成熟时头略向下低，外壳难剥。小麦麦芒粗而短，麦穗成熟依然挺立，外壳易脱。大麦粒两头尖且长，小麦粒两头圆且短。

大麦和大麦粒

小麦和小麦粒

麦的果实叫"颖果"，是禾本科植物特有的果实类型，果皮和种皮紧密相连，很难分离，因此人们常将颖果直接称为种子，所以麦粒既是果实也是种子。

黍去壳就是黄米，煮熟后有黏性，可以酿酒、做糕。在古代，黄米可是上等的粮食。语文六年级上册唐代诗人孟浩然《过故人庄》里"故人具鸡黍"的黍就是黄米。由于黄米不容易消化，所以现在基本上不用"黍"作为主食了。

硕鼠硕鼠，无食我黍！我就是老鼠爱吃的黄米。

黍和黄米

稷，一般指谷子。谷子脱了壳就是小米，比黄米稍小，煮熟后不黏。黍和稷都是颖果，脱去果皮和种皮的黄米和小米，既不是完整的果实，也不是完整的种子，而是颖果的胚乳部分。

"社稷"中的"稷"是"百谷之长"，被古代帝王奉为"谷神"呢！

谷穗和小米

九　植物与食物

　　菽即豆，泛指所有能产生豆荚的豆科植物，常见的品种有大豆（黄豆）、绿豆、红豆、黑豆、豌豆、蚕豆等。五谷中的菽一般指大豆。大豆在籽粒鼓满期至初熟期之间收获的被有细毛的青荚大豆称毛豆，毛豆老熟后就是大豆。如今，大豆虽不为主粮，但仍是重要的油料作物。

　　大豆是果实还是种子呢？其实，大豆属于种子，豆荚才是大豆的果实，也就是说大豆的果实是包含种子的。

豆荚和大豆

　　如果说五谷是人们餐桌上的主食，那么杂粮就是主食界的新"宠儿"。

127

"五谷杂粮"里的"杂粮"指什么？

大家通常说的五谷杂粮泛指稻谷、麦子、大豆、玉米、薯类等粮食类作物，而习惯地将稻谷、小麦之外的粮食，如荞麦、高粱、燕麦、绿豆、芝麻、花生、薏米、红豆等称作"杂粮"。

其中雪白的荞麦花深受诗人们的喜爱，语文四年级下册范成大《四时田园杂兴（其二十五）》中的"梅子金黄杏子肥，麦花雪白菜花稀"和六年级上册苏金伞《三黑和土地》中的"看见自己种的荞麦已经开花，白霎霎的像一片雪"都写到了荞麦花。

荞麦花开，一片雪白

百里高粱地，"火炬"高举起

九 植物与食物

青青燕麦亭亭立

绿豆荚果细又长

芝麻开花节节高

现在人们注重健康和养生，五谷杂粮当然少不了，我国传统的美食"腊八粥"就是用五谷杂粮熬制的。

腊八粥与八宝粥有关系吗？

语文六年级下册课文《腊八粥》写道："把小米、饭豆、枣、栗、白糖、花生仁合拢来，糊糊涂涂煮成一锅，让它在锅中叹气似的沸腾着……"民间一直有腊八节喝"腊八粥"的习俗，由于各地传统习俗或个人喜好不同，每种配方中所含谷类、豆类和干果类的种类和数量没有一定之规。

八宝粥就是腊八粥吗？不完全等同。八宝粥是用糯米加莲子、桂圆、红枣、果料儿、花生米等煮成的粥，可以常年食用。

腊八粥是八宝粥的前身，八宝粥是由腊八粥逐渐演变而来的。

腊八粥，八宝粥，五谷杂粮营养粥

> 无论是腊八粥还是八宝粥，都少不了一个重要的角色——糖，你知道糖是从哪里来的吗？

九　植物与食物

甘蔗和甜菜——生活有我更甜蜜

　　语文二年级下册课文《千人糕》里的米糕"是把大米磨成粉做的，还加了糖"，"糖呢，是用甘蔗汁或甜菜汁熬出来的"。在制糖原料上，我国北方以甜菜为主，南方以甘蔗为主。甜菜和甘蔗经过不同的生产工艺都可以制成白砂糖和绵白糖，而红糖没有经过高度精炼，几乎含有甘蔗汁中的全部成分。冰糖是白砂糖的结晶再制品，纯度较高。

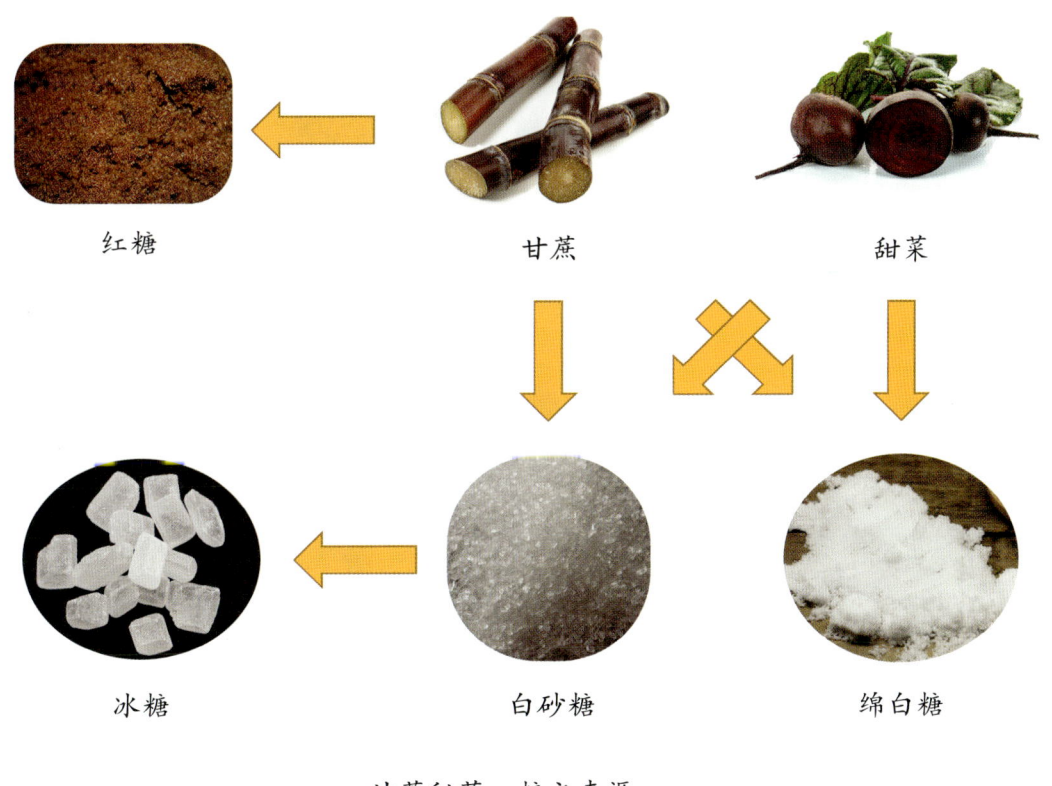

甘蔗甜菜，糖之来源

你知道田里的甘蔗长什么样吗？

甘蔗怎么长得像竹子？

从外表看，甘蔗和竹子都是一节一节的，属于没有树木年轮的禾本科植物。但甘蔗不是竹子，它俩的区别大着呢！

甘蔗的叶子一层层往上，直接长在主干上。甘蔗的茎直立且挺拔，茎表皮通常呈紫色或绿色。茎是实心的，富含蔗糖，可以榨汁或直接食用。

甘蔗——头上长叶腹中甜

竹子有枝条，叶子长在枝条上，节间较长，比甘蔗叶小很多。茎是空心、较硬，不能吃，但竹子的幼芽——笋，可以吃。

竹子——叶小侧生腹中空

> 竹笋的种类不同，口感和味道也不同，你见过长在地里的竹笋吗？

竹笋是如何长出来的？

竹笋是竹子成长的最初形态，也是竹子的幼嫩部分，当竹笋生长到一定高度后就可称为竹子了。

竹子的地下茎俗称"竹鞭"，也是一节一节的，中间稍空，横向生长，节上长着许多须根和芽。有的芽将来会发育成竹笋并长成竹子，有些芽仍然留在土壤里横着生长，形成新的竹鞭。秋冬时节从土里挖出的竹笋是冬笋，春季长出地面的竹笋叫春笋。

古时人们称我为"竹萌"，好一个形象又"萌萌哒"的名字！

地下竹鞭，暗中拓展　　　　竹笋拔节，不断超越

"雨后春笋"这个成语你一定听说过，是指新生事物像春雨之后快速生长的竹笋那样大量出现。你知道其中的道理吗？

课本里的科学 植物天地

为什么雨后春笋长得特别快？

春天的竹笋长出地面后，由于这时土壤还比较干燥，所以春笋长得不快，有的芽暂时还待在土里，就像箭在弦上还没有射出去一样。如果这时下一场春雨，春笋鼓足的劲儿就会突然爆发，纷纷钻出地面。春笋破土后就长得非常快了，如果要挖取春笋食用，就必须及时，否则春笋就长成竹子了。正如语文二年级下册《笋芽儿》中描写的那样："笋芽儿脱下一件件衣服，长成了一株健壮的竹子。"

春雨润物，春笋破土

一不小心，从甘蔗又讲到竹子和竹笋了，好了，言归正传，继续"思甜"。

九　植物与食物

甜菜是什么菜？

甜菜是一种蔬菜，但主要食用部分不是叶子而是埋在地下的块根。它的外表和红萝卜很像，但和红萝卜并不是一个家族。红萝卜切开后果肉是白色的，而甜菜根通体紫红色，横切面可清晰地看到一圈圈美丽的紫色环纹。它与红心萝卜也不同，红心萝卜虽然果肉是红色的，但外皮是浅绿色的。

我是皮红肉红、两年成熟的非萝卜家族蔬菜。

甜菜

我是皮红肉白、清脆爽口的樱桃萝卜。

我就是皮绿肉红、口感脆甜的"心里美"萝卜。

红萝卜

红心萝卜

甜菜含糖量高，主要用来制糖，也可生吃或炒食。炒菜少不了用油，用向日葵籽榨取的葵花籽油经常被人们选用。

为什么叫向日葵这个名字？

向日葵的花盘在盛开之前，有一种叫"生长素"的小家伙就会在花盘下茎部的地方游荡。听名字就知道它可以加快向日葵的生长，但这小家伙偏偏对光有点害羞，太阳升起时，便会跑到背光的一面去，使得向日葵茎部背光面比向光面生长得快。这样，整棵向日葵就向着太阳的方向弯曲了，向日葵由此得名。但当花盘开放并成熟之后，向日葵就不怎么需要生长素了，所以方位基本固定，通常朝东南方向，这时向日葵的"头"也就不动了。不过，关于向日葵转"头"的秘密有不同的解释，以上只是其中的一种说法。

葵花朵朵向太阳

到了秋天，向日葵像盘子一样硕大的脑袋上长满了一颗颗饱满的葵花籽。除了榨油外，葵花籽还可当零食吃。

九 植物与食物

葵花籽是怎么长出来的？

向日葵外表像一朵盛开的大菊花，从植物分类学上看，向日葵与菊花的确是近亲。向日葵与菊花同属菊科，两者花朵的结构也相似，都是由舌状花和管状花组成。向日葵花盘边缘的黄色舌状花是中性花，不参与结实，主要作用是吸引昆虫前来授粉。之后子房开始发育，逐渐膨大，最终结出葵花籽。

向日葵——异花授粉虫为媒

葵花籽——果实里面有种子

一个向日葵花盘包裹的葵花籽可达上千粒呢。葵花籽果皮坚硬，只含一粒种子。果皮和种皮分离，外壳是果皮，里面裹着一层薄膜的就是种子。

结语

在人与大自然的协作下，上千种作物各安其所，生机勃勃。"春种一粒粟，秋收万颗子"，人们用无言的温柔爱抚土地，用创新的农业保护自然，用美好的食物营造家园。在农民用智慧和汗水打造的食材乐园里，厨师创造出和谐的味觉体验，这是世间独一无二的匠心合作。"谁知盘中餐，粒粒皆辛苦"，我们在享受大自然馈赠的同时，也要珍惜餐桌上的每一种食物哟！

十 树木的风采

"杨树高,榕树壮,梧桐树叶像手掌。枫树秋天叶儿红,松柏四季披绿装。木棉喜暖在南方,桦树耐寒守北疆。银杏水杉活化石,金桂开花满院香。"

语文二年级上册课文《树之歌》你一定还记忆犹新吧?这些木本植物你都见过吗?你想知道它们以及其他树木的趣闻吗?那就跟我一起去"树木王国"看看吧!

高大的白杨树上为什么有好多"眼睛"?

杨树是世界上分布最广、适应性最强的树种。由于它生长快,高大挺拔,树冠有昂扬之势,因此得名杨树。杨树的种类也很多,有最能抗旱的"沙漠英雄树"胡杨、高大挺拔的白杨、树冠丰满的青杨等。但你是否注意到白杨的树干上有许多形态各异的"眼睛"呢?

对于一些树林来说,适当砍去多余的枝杈可以帮助它们长得更高、更直。对于白杨树来说,这些"眼睛"是砍除枝杈、切面愈合之后形成的伤疤,正是它们见证了白杨树经历磨难而最终成"材"的过程。

白杨昂扬,"眼"观四方

那长大后的杨树又是如何繁殖的呢?

杨树上的"毛毛虫"和飞天杨絮到底是什么?

杨树属雌雄异株,雄性杨树只开花不结果,柔软下垂的雄花序长约10厘米,呈暗红色或暗黄色的麦穗状,上面有许多小花,这就是较早脱落的"毛毛虫"。

雄杨产"麦穗"

雌花序呈串状,上面有很多小蒴果,当这些蒴果长到直径约半厘米时会胀破,释放出棉絮状的杨絮。杨絮裹着直径大约只有1毫米的杨树种子在空中飘扬,寻找适宜的地方繁

雌杨产杨絮

育小杨树。

到处散播的杨絮不仅污染环境,还会引起人们呼吸不畅或过敏。若想根除扰人的杨絮,只种雄杨树不就得了?但问题是杨树只有长大了才能分清雌雄呀。别急!科学家们研究出来的新品种——三倍体毛白杨,就能解决杨絮这个问题。

> 你注意过吗?深受人们喜欢的柳树也会飘絮。

柳絮的"飘"与垂柳的"柔"

杨树和柳树同属于杨柳科,所以在文学作品中常常如影随形。语文二年级下册清朝诗人高鼎的《村居》:"草长莺飞二月天,拂堤杨柳醉春烟。"唐朝诗人刘禹锡在《竹枝词》中也写道:"杨柳青青江水平,闻郎江上踏歌声。"但这些古诗句中提到的"杨柳"并非指杨树和柳树,而是仅指柳树。

柳树与杨树一样,也是雌雄异株,雌花序通常是绿色的,开花后不久就会飘出如雪的柳絮,内含柳树的种子。因雄蕊的花药呈黄色,所以雄花序看上去是黄色的,但它与杨树下垂的雄花序不同,是直立的。

雌花序,飘柳絮

雄花药,似黄袍

"碧玉妆成一树高,万条垂下绿丝绦。不知细叶谁裁出,二月春风似剪刀。"语文二年级下册唐朝诗人贺知章的《咏柳》形象地描绘出柳枝的柔软和柳叶的细长。而叶子更特别的松柏又有什么特别呢?

十　树木的风采

你能分清松树和柏树吗？

我们常将"松"与"柏"并列，例如"松柏之志""岁寒松柏"等，其实松与柏还是有差别的：远看松树的树冠蓬松而不紧凑，"松树"因此得名。柏树枝叶浓密，树冠多为墨绿色的圆锥体。近看松树叶是细针形，呈散射状。柏树叶鳞片状，紧贴枝上。二者的球果也不同，松树球果成熟后鳞片张开，露出种子，像盛开的花朵。而柏树球果没有明显的片片分离，整个球果像一只流星锤。在语文二年级下册《邓小平爷爷植树》这篇课文里，邓爷爷在北京天坛公园植的就是柏树。

松树和柏树的共同点在于：细小的叶子能有效减少水分的蒸发，再加上叶表面的蜡质保护膜，使得松柏一年四季都郁郁葱葱。

松树松散，松针似剑

柏树叶繁，叶似鳞片

松柏的寿命很长，松树中的黄山松更是以顽强的生命力和独特的姿态闻名于世。

黄山的松树为什么这么奇特？

被称为"天下第一奇山"的黄山有"五绝"，即奇松、怪石、云海、温泉和冬雪。黄山松为什么会如此千姿百态呢？

这与黄山的自然环境有很大关系。黄山地势崎岖不平，悬崖纵横堆叠，在岩石裂缝中生根发芽的黄山松常常无法直立生长，只能弯弯曲曲地朝上或朝下甚至在一边长出树枝，成为外形奇特的"奇松"。这些"奇松"也因其外形被命名，例如迎客松，其树冠颇似展开的手臂，好像在迎接五湖四海的友人呢！

陈毅在《青松》这首诗中写道："大雪压青松，青松挺且直。要知松高洁，待到雪化时。"松树体内不仅含有长寿因子，还具有一种自我保护机制，受到伤害时，松脂就会流出来封闭伤口，所以松树的寿命能达上千年，民间常用"松鹤延年"寓意长寿吉祥。

黄山迎客松，千年长寿翁

无独有偶，银杏树也是一位"老寿星"。

银杏树为什么被称为"活化石"?

植物活化石是指几亿年前曾在地球上出现,但后来在大部分地方绝迹,只在小范围地区存活并保留了一些原始特性的植物,银杏树就是其中之一。

银杏树生长很慢,得名"公孙树",意思是"公种而孙得食"。银杏树又名"白果树",但雌性银杏树上结的白果不是果实而是种子。

春天,呈扇形的银杏叶是翠绿色的,到了秋天就变成了黄色,这是其非常典型的特征。

> 我是结白果的雌性,树矮树冠宽,叶浅缝也浅。

> 我是不结果的雄性,树高树冠窄,叶深缝也深。

雌性银杏树

雄性银杏树

秋天最美银杏黄

而同为"活化石"水杉树和叶子,秋天却由黄绿色逐渐变为红色。

植物界熊猫级树种——水杉

说起水杉的发现，还有一段故事呢。20世纪40年代，植物学家路过当时的四川磨刀溪时发现了一棵大树，通过对采得的标本进行研究后，确认它是"活化石"植物——水杉。这一发现在全世界植物学界引起了轰动。后来，水杉被各地广泛引种，成为我国一级保护植物中经济开发较好的树种之一。

我与恐龙同时代，但我却幸运地成了"活恐龙"。

水杉树，擎天柱

水杉的叶子是线状的，交互对生并排成两列，叶片中央有一条中脉，可在顶端不断长出细长的叶子。

水杉叶，羽状叶

水杉树高大秀颀，棕黑色的树干，甚显粗糙。但有一种树的树干却以色白光滑而著称，它就是语文三年级上册《灰雀》里提到的白桦树。

俄罗斯的国树——白桦树

白桦树喜光耐严寒，是俄罗斯人最喜欢的树种。那大片的白桦林，远远望去就像一个个亭亭玉立的少女，白色树干上的树皮摸上去像纸一样光滑，用铅笔就可以在树皮上写字。

林中白桦竞芳颜

白桦树厚实的叶子有巴掌那么大，叶缘有锯齿，还能散发出特别的香味呢！春天开放的小花聚集在一起，构成一个柱状的柔软花穗，秋天结的果实是小小的翅果，就像插上了轻盈的翅膀，随风飘荡，落在适宜的土壤就能生根发芽，因而很容易形成茂密的白桦林。

白桦花穗结翅果

虽然我们常说"独木不成林"，但有一种生长在南方的树能做到"独木成林"。

什么树能"独木成林"?

它就是多生长于高温多雨、空气温度大的热带和亚热带地区的榕树。我国福建省福州市的榕树特别多,因此得名"榕城"。

语文五年级上册巴金先生《鸟的天堂》中,有多处对榕树进行了描述,如"枝上又生根,有许多根直垂到地上,伸进泥土里"。其实,这是榕树能够吸收水分和养分的气生根,不仅支撑着树冠,还使一棵榕树看上去就像一片茂密的森林。

榕树树干粗壮,树冠硕大,树叶茂盛,正如语文三年级上册课文《海滨小城》中形容的那样,榕树是天然的遮阳伞。榕树的果实味甜,小鸟喜食,而那些坚硬不被消化的种子随鸟粪到处散播,不仅形成了"树上有树"的热带树林景观,还使榕树成为名副其实的"鸟的天堂"。

榕树繁茂,"胡须"功劳

> 有一种树更特别,名字里就有鸟的踪迹。

十　树木的风采

凤凰树，因何得名？

凤凰是中国古代传说中的神鸟，雄为凤，雌为凰，羽毛被描述为赤红色。

凤凰树又名凤凰木、火树、红花楹，因其"叶如飞凰之羽，花若丹凤之冠"而得名。每当夏季开花时，红色的花瓣与绿色的羽状复叶相映成趣，那锦簇的花团，仿佛是浴火凤凰在树梢飞舞，蔚为壮观，正如语文三年级上册《海滨小城》中描写的那样，"凤凰树开了花，开得那么热闹，小城好像笼罩在一片片红云中"。

凤凰树冠，丹凤之冠

由于凤凰花象征着火热的青春，又在夏日学生毕业季盛开，因此被称为"毕业花"，也是厦门大学、汕头大学、海南大学等中国高校的校花。

> 凤凰树花开，色彩鲜艳，但有一种树据说能引来凤凰鸟呢！

为什么说"栽下梧桐树，引得凤凰来"呢？

梧桐树是一种高贵的树木，自古以来被誉为"树中之王"，传说中的"百鸟之王"凤凰飞落梧桐树正是"二王"合璧，代表了吉祥。

梧桐树高大挺拔，树叶中间有3～5裂，看上去像手掌。"一叶落而知天下秋"，这叶便是指梧桐叶。梧桐树的果实叫膏葖（gū tū）果，看上去像一个个小辣椒，成熟后会开裂，里面有好几粒种子，可入药。

梧桐枝青，叶呈掌形

> 语文三年级上册课文《铺满金色巴掌的水泥道》中提到的法国梧桐也是梧桐树吗？

十　树木的风采

法国梧桐是来自法国的梧桐吗？

其实，法国并不是这种树的原产地，这种树也不是真正的梧桐树，而是悬铃木，按照一串上有几个球果，分为一球悬铃木（美国梧桐）、二球悬铃木（英国梧桐）和三球悬铃木（法国梧桐）。但人们口中的"法国梧桐"其实是被叫错了的二球悬铃木——英国梧桐，是17世纪用一球悬铃木与三球悬铃木在英国杂交成功的，后来法国人将二球悬铃木带到上海并在法租界内大量种植。由于这种树的叶子跟梧桐树叶长得有几分相像，于是"法国梧桐"的名字就这么被叫开了。

悬铃木，树干粗，树皮特有"迷彩服"

与浑身是宝的梧桐树相比，语文三年级上册《美丽的小兴安岭》里提到的栎（lì）树也被称为"多宝树"。

栎树，有什么特别？

栎树，又名橡树、柞（zuò）树，是一个成员众多的大家庭，它的兄弟姐妹大多有着魁伟的身躯和耐旱耐瘠的天性。即使长在风化了的沙石地，它的根也能深入土壤吸收水分和养料。

栎树一身多能，那粗糙发黑的树干是材质坚硬的珍贵木材，素有"葡萄酒守护神"美誉的天然软木塞就是以栎树皮为原料制成的。栎树的树叶可以饲养柞蚕，果实橡子富含淀粉，加工后可供工业用或食用。

凭借顽强不屈的精神，我练就了一身"钢筋铁骨"。

栎树结橡子，橡子非栗子

栎树伟岸，伞状树冠

> 虽然栎树有多元的经济用途，但人们口中的"摇钱树"还不是它，那是谁呢？

十 树木的风采

"榆木疙瘩"竟然是"摇钱树"?

榆树是一种适应性非常强的落叶乔木,其木材纹理清晰、强度适中、制成的榆木家具经久耐用,树根木质坚硬,素有"榆木疙瘩"之称。

春末夏初时,榆树正值花果期,枝头长出的一簇簇嫩绿果实,就像一串串铜钱挂满枝头,成熟后变为黄白色,还带有一股特别的清香,是一种药食同源的天然保健食物,人称"榆钱",由于与"余钱"谐音,因此榆树得名"摇钱树",被人们视为吉祥富贵的象征。在一些乡村地区,榆树还常被视为村庄的守护者,象征着平安与宁静。

榆钱薄而圆,榆叶锯齿缘

> 榆树以其重要的经济价值和美好的象征意义深得人们的喜爱,自然界中还有一种树,与可爱的树袋熊有关。

课本里的科学 植物天地

树袋熊的最爱——桉树

桉树和树袋熊都是澳大利亚特有的物种，树袋熊几乎一生都生活在桉树上，桉树叶是它唯一的食物来源。桉树生长迅速，适应性强；根系发达，可有效防止水土流失，是生态系统中不可或缺的一部分。但桉树叶含有大量易挥发的芳香油，会增加桉树易燃的风险。而桉树在大火过后的存活率比其他树木高，原因除了深藏在木质部深处的导管不易被伤及外，还有大火的高温正好唤醒了厚树皮下的休眠芽，让种子的坚硬外壳爆裂而更易萌发。

考拉爱桉树，吃住有去处

野火烧不尽，嫩芽又重生

桉树在烈火中的"重生"是火对生命的考验，而"停车坐爱枫林晚，霜叶红于二月花"里的枫林则把红色"火焰"留在了人们的记忆中。

染红秋日的枫树

语文二年级下册课文《枫树上的喜鹊》里提到的枫树是一个俗称,通常包括金缕梅科的枫香树和槭树科的槭树。枫香树的叶片多为3裂,而槭树种类繁多,叶片有3～7裂不等。

枫香果实像刺球

枫香树的果实是圆形蒴果,像一个带刺的小圆球;槭树的果实是翅果,两果并生,像长了一对翅膀。

这两类树的树叶秋天都会变成红色,这是由于它们体内含有一种特殊物质——花青素,随着天气转凉,叶片中叶绿素含量逐渐减少,花青素含量逐渐增多,树叶就变成了红色。

槭树果实长"翅膀"

俗话说:"红花还需绿叶衬。"下面这三种树,偏偏在树叶还没长出来时,花就抢先盛开了。

课本里的科学　植物天地

木棉树——英雄树

木棉树的得名，主要是因为它的果实成熟后会裂开，里面像棉花一样的"棉絮"就会带着种子飘落，像北方的杨絮和柳絮一样不受欢迎。

木棉树多生长在向阳暖和的热带和亚热带地区。早春三月，高大挺拔的木棉一树红花开，那红艳的色彩就像英雄的鲜血染红了树梢，所以又被誉为"英雄树"。

由于木棉花的花朵结在树枝上，因此又得名"攀枝花"。四川省的攀枝花市，是全国唯一以花命名的城市。

木棉果实，携带种子

木棉花开，绿叶未在

在春天，还有一种吸引人们眼球的花木，你可一定不要错过哟！

十　树木的风采

春天来了，快去赏樱花吧！

春季百花齐放，正是赏花、看花的季节，很多小伙伴都喜欢樱花。樱花是日本的国花，却起源于中国。樱花的品种很多，根据开花时间可分为早樱和晚樱等。

无论是早樱还是晚樱，都具有两个共同特征：花柄较长，花瓣顶端有缺口。遗憾的是，樱花的花期短暂，通常只有一两个星期。所以，趁着樱花开放，赶紧去和樱花合个影吧！

早樱花开，独报春来

晚樱花开，绿叶同在

樱花花色艳丽，花香淡雅，同期竞相开放的玉兰花又有什么别样的风采呢？

157

玉兰树上开莲花

玉兰树是中国著名的花木，其中白玉兰还是上海市的市花呢！白玉兰树高大挺拔，枝头的花芽被茸壳包裹着度过寒冷的冬天，在早春三月新叶还未吐出时就含笑开放，花瓣舒展，气味芬芳，是名副其实的"香水之花"。紫玉兰又名辛夷，是中国特有的植物，花叶在早春同放。而广玉兰则在初夏季节开花，花的外形极像莲花，因此被称为"荷花玉兰"。

白玉兰

紫玉兰

广玉兰

从春天到初夏，不同品种的玉兰树花香醉人。但还有一种树，虽然花很小，却香气扑鼻。

十　树木的风采

飘香的常青树——桂花树

桂花树是常绿灌木或小乔木，叶片表面有蜡质，厚厚的，会反光，而且不会像红叶植物那样有明显的树叶色彩变化，老叶脱落的同时会有新叶长出，所以看起来便是四季常青的。

桂花香味浓郁、沁人心脾、令人陶醉。那香味像奶油，像蜂蜜，让人闻了就想尝一尝，但新鲜的桂花味道很苦，一般是把桂花采摘下来，与蜂蜜一起食用。桂花的果实也不能吃，只能作为药材或种子。

桂树有"贵"气，亮绿走四季

有些树的果实是人们喜欢吃的水果或坚果，甚至被赋予了深刻的文化内涵。

为什么用"桑梓"指代故乡？

在古代，桑树和梓树与人类生活关系密切。

桑叶可用来养蚕，桑树的果实就是美味的桑葚，桑树皮还可以用来造纸，树干可用来制造器具，叶、果、根、枝、皮皆可入药。

梓树的嫩叶可食，树皮是一味中药，果实未成熟时是绿色的，像长豆角一样挂在树上，所以常被称作"豆角树"。梓树种子外面的白色物质经过加工提取，可用于制作蜡烛。梓木轻软耐朽，是制作家具、乐器等的好材料。

桑树与梓树是人们心中的生命之树，古时家宅旁常种植桑树和梓树，所以"桑梓"就成了故乡的代名词。

桑树叶果丰衣食

梓树荚果高高挂

> 讲到树与故乡，常会想起由著名作家三毛作词的歌曲《橄榄树》："不要问我从哪里来，我的故乡在远方……"你对橄榄树又有多少了解呢？

橄榄树的"王者风范"

油橄榄属木樨科，主产于西班牙、意大利和希腊等国，果实成熟后呈紫黑色，口感差，通常被压榨成橄榄油，由于不经加热和化学处理，所以保留了天然营养成分，被誉为"液体黄金"。

体育比赛中，人们将油橄榄枝编成桂冠献给获胜者以示荣誉。象征世界和平的联合国徽章是由两根油橄榄枝衬托着整个地球的图案。伸出橄榄枝表示主动表达出和平安定的愿望，后来也有了邀请的含义。

如果说油橄榄来自西方，那么原产于中国南方的青橄榄就是东方的特产了。青橄榄又名青果，属橄榄科，果实可直接食用或制成蜜饯，营养丰富。

油橄榄——紫果榨油

青橄榄——青果美食

有一种树结的青果不能直接拿来吃，这是什么树呢？

结"聪明果"的核桃树

核桃树又名胡桃树,也是一种高个子长寿树,它结的果实就是核桃。但长在树上的核桃你见过吗?

青皮涩,内壳坚,软硬防护利繁衍

采收前的核桃有一层深绿色果皮,起到绝热和防止水分散失的作用,核桃成熟后一般会自然掉落,但这层皮要用专门的方法脱去之后才是我们在市场上看到的带壳的核桃。

皱肉皱骨头,骨头生在肉外头

打开核桃的外壳,会看到黄褐色的果仁上有许多不规则的纹路,看上去和人的大脑有些相像。核桃仁健脑益智、补肾强体,素有"聪明果""长寿果"之称,是营养丰富的天然食品。

> 枣树上的果实——枣也很有营养,与核桃不同的是,它不是一种坚果,而且在树上就会慢慢地由绿变红。

"荆棘"为何与枣树有关？

枣原产于中国，是人类最早种植的水果之一，由于枣树耐旱耐盐碱，所以在干旱和半干旱地区很受欢迎。

枣由酸枣驯化而来，酸枣是华北地区山地灌丛的优势种。"荆棘遍地"中的"荆"通常指荆条，"棘"在这里特指酸枣。由于酸枣是灌木而枣是乔木，所以古人用"从朿（cì）为棘"代表酸枣，"重朿为枣（繁体为棗）"代表枣树，形象区分了两者的主要特征。酸枣树和枣树上的刺是托叶变态而来的，可帮助它们免遭动物们的伤害。

野生酸枣小而酸

种植大枣肉香甜

同样结红果的山楂树也有类似的自卫"武器"吗？

山楂树的"防身术"

山楂树的野生品种有短的茎刺，是茎的一种特殊形式，而人工培育的嫁接品种无刺，这样使采摘山楂更容易。

山楂树是一种落叶乔木，花期是5—6月，果期为9—10月。提起山楂，人们便会联想到各种好吃的山楂零食，如冰糖葫芦、果丹皮、山楂糕、山楂片、山楂酱等。山楂不仅是一种水果，还是一种药果，它含有多种有机酸，既能促进脂肪和蛋白质的消化，又能促进胃液分泌，增强食欲。

一树山楂，秋日晚霞

> 为了让山楂树结的果实又大又多，人们要定期对山楂树"动刀"，你了解果树的这种"手术"吗？

果树高产的"整形术"

当你吃着又大又甜的各种时令水果时,你是否会想到它们是果树妈妈经受修剪手术的"痛苦"后才得到的宝贝呢?

难道不修剪就不能结果吗?其实也不是,只是果实比较小,比较少。原因是树木有顶端优势,即顶芽优先生长而侧芽受抑制的现象。把树顶剪去,就能使果树多产生侧枝,从而多开花、多结果。通过修剪还能改善树体的通风透光状况,保持果树的营养平衡,使果树提早结果并延长丰产期。

果树修剪,丰收再现

很多果树都需要经过修剪才能获得高产,就连高大的椰子树也不例外。

为什么北方没有椰子树？

去过海南的人可能都见过粗壮的椰子树，椰子树的果实就是椰子，椰子汁非常好喝，所以一些北方的小朋友就羡慕地说："要是北方也有椰子树就好了。"但那只是一厢情愿。

椰子树是热带树种，只有在高温多雨而且阳光充足的地方才能生长良好，比如我国的海南岛就有很多椰子树，因为这里的气候条件有利于椰子树的生长，年平均气温稳定在22℃～26℃，温差也相对较小。

如果一年中有一个月的平均温度低于15℃，那么椰子树就不能正常开花结果，产量自然就会降低。我国北方气候寒冷干燥，温度也不稳定，所以椰子树就不能在北方生长。

椰树立海边，直上碧云天

从外观看，与椰子树有些相像的棕榈树，在我国却有广泛的分布。

棕榈树和椰子树有什么区别？

语文三年级上册课文《读不完的大书》里这样写道："池塘边的棕榈树高大挺拔，大蒲扇似的叶子在风中摇摆，一副超凡脱俗的样子。"与椰子树相比，棕榈树相对矮小些，但生命力更加顽强，即使生长环境受到污染也能正常生长。无论是呈掌状的棕榈叶还是呈羽状的椰子树叶，叶子上均有裂片，台风来袭时，它们那漏风的叶子可减少对强风的阻力。

棕榈花是黄色小花，果实为黑褐色，表面覆有一层白色粉末，可入药。而椰子树的花是一串串黄色的花棒，花瓣是硬的，结出的果实是椰子。

棕榈花，像鱼子，做美食，可药用

椰子花，穗状花，鲜黄色

结语

每当你抬头仰望大树，在羡慕、感叹大树伟岸的时候，你是否留意过大树那沧桑的树干？是否想到深埋于地下那茂密的树根？是否想了解大树那藏于心中的年轮故事？要想成为一棵大树，需要时间刻画着年轮，一圈圈往外长，还要有"任凭风吹雨打，我自岿然不动"的精神，不断充实自己，扎好自己的根，不断向上。希望小朋友们能向大树学习，树立正确的人生目标，在磨砺中成为真正的强者。